Johannes Paul II.

GESCHENK
UND
GEHEIMNIS

Johannes Paul II.

GESCHENK
UND
GEHEIMNIS

Zum 50. Jahr
meiner Priesterweihe

STYRIA

INHALT

IX

X

Anhang:

In lebhafter Erinnerung habe ich die von Freude erfüllte Begegnung, die vor etwas mehr als einem Jahr (27. Oktober 1995) auf Initiative der Kongregation für den Klerus im Vatikan stattfand, um den 30. Jahrestag des Konzilsdekrets *Presbyterorum ordinis* zu feiern. In der festlichen Stimmung jener Versammlung sprachen mehrere Priester über ihre Berufung, und auch ich legte mein *Zeugnis* ab. Es schien mir nämlich schön und fruchtbringend zu sein, sich unter Priestern im Angesicht des Volkes Gottes diesen Dienst gegenseitiger Erbauung zu leisten.

Die Worte, die ich bei jenem Anlaß gesprochen habe, fanden ein ziemlich weites Echo. Die Folge war, daß man mich von verschiedener Seite eindringlich bat, anläßlich meines *Priesterjubiläums* noch einmal und ausführlicher das Thema meiner Berufung aufzugreifen.

Ich gestehe, daß der Vorschlag im ersten Augenblick bei mir verständlicherweise einen gewissen Vorbehalt auslöste. Aber nach und nach fühlte ich mich verpflichtet, die Einladung anzunehmen, und sah darin einen Aspekt des Dienstes, der auch zum Petrusamt gehört. Angeregt durch einige Fragen von Herrn Dr. Gian Franco Svidercoschi, die den Leitfaden bildeten, habe ich mich in aller Freiheit der Flut der Erinnerungen überlassen, ohne jede Absicht, streng dokumentarisch vorgehen zu wollen.

Was ich hier über die äußeren Ereignisse hinaus sage, gehört zu meinen tiefsten Wurzeln, zu meiner innersten Erfahrung. Ich erwähne es vor allem, um dem Herrn zu danken. *„Misericordias Domini in aeternum cantabo!"* Den Priestern und dem Volk Gottes biete ich es als *Zeugnis der Liebe* an.

Wadowice, Pfarrkirche der Opferung Mariä.

I

AM ANFANG ... DAS GEHEIMNIS!

Die Geschichte meiner Berufung zum Priestertum? Diese kennt vor allem Gott. In ihrem tiefsten Grund ist jede Berufung zum Priestertum *ein großes Geheimnis, ein Geschenk,* das den Menschen unendlich überragt. Jeder von uns Priestern erfährt das deutlich in seinem ganzen Leben. Angesichts der Größe dieses Geschenkes spüren wir unsere eigene Unzulänglichkeit.

Die Berufung ist *das Geheimnis der göttlichen Erwählung:* „Nicht ihr habt mich erwählt, sondern ich habe euch erwählt und dazu bestimmt, daß ihr euch aufmacht und Frucht bringt und daß eure Frucht bleibt" (Joh 15,16). „Und keiner nimmt sich eigenmächtig diese Würde, sondern er wird von Gott berufen so wie Aaron" (Hebr 5,4). „Noch ehe ich dich im Mutterleib formte, habe ich dich ausersehen, noch ehe du aus dem Mutterschoß hervorkamst, habe ich dich geheiligt, zum Propheten für die Völker habe ich dich bestimmt" (Jer 1,5). Diese inspirierten Worte müssen die Seele eines jeden Priesters zutiefst aufwühlen und erschüttern.

Wenn wir daher bei den verschiedensten Anlässen – zum Beispiel bei Priesterjubiläen – über das Priestertum sprechen und davon Zeugnis ablegen, müssen wir das mit großer Demut und in dem Bewußtsein tun, daß Gott uns „mit einem heiligen Ruf gerufen [hat], nicht aufgrund unserer Werke, sondern aus eigenem Entschluß und aus Gnade" (2 Tim 1,9). Gleichzeitig sind wir uns darüber im klaren, daß *menschliche Worte nicht imstande sind, die Bedeutung des Geheimnisses zu erfassen,* die das Priestertum in sich birgt.

Diese Einleitung schien mir unerläßlich, damit man das, was ich über meinen Weg zum Priestertum sagen werde, auch richtig verstehen kann.

Die ersten Anzeichen der Berufung

Der Erzbischof und Metropolit von Krakau, Fürst Adam Stefan Sapieha, besuchte die Pfarrei Wadowice, als ich Schüler des dortigen Gymnasiums war. Mein Religionslehrer, P. Edward Zacher, übertrug mir die Aufgabe, ihn willkommen zu heißen. Damals hatte ich zum ersten Mal die Gelegenheit, jenem allseits hochverehrten Mann gegenüberzustehen. Ich weiß, daß nach meiner Begrüßungsrede der Erzbischof den Religionslehrer fragte, welche Fakultät ich nach der Reifeprüfung wählen würde. P. Zacher antwortete: „Er wird polnische Philologie studieren." Der Erzbischof soll geantwortet haben: „Schade, daß es nicht die Theologie ist."

In jenem Abschnitt meines Lebens war *die Berufung zum Priestertum in mir noch nicht gereift,* auch wenn nicht wenige in meiner Umgebung der Meinung waren, ich sollte ins Priesterseminar eintreten. Und wenn ein junger Mann mit so klaren religiösen Neigungen nicht ins Seminar eintrat, wird mancher vielleicht vermutet haben, dies sei ein Zeichen dafür, daß da andere Interessen oder Vorlieben mit im Spiel waren. In der Schule hatte ich in der Tat viele Mitschülerinnen und, da ich in der Theatergruppe an der Schule engagiert war, zahlreiche Möglichkeiten, mit Jungen und Mädchen zusammenzutreffen. Das war jedoch nicht das Problem. Mich hatte in jenen Jahren vor allem die Leidenschaft für die *Literatur*, besonders die *dramatische*, und für das *Theater* erfaßt. In das letztere hatte mich Mieczyslaw Kotlarczyk eingeführt, ein Lehrer der polnischen Sprache. Er war ein wahrer Pionier des Amateurtheaters und hegte große Ambitionen für ein anspruchsvolles Repertoire.

STUDIUM AN DER JAGELLONEN-UNIVERSITÄT

Nach Ablegung der Reifeprüfung im Mai 1938 schrieb ich mich an der Universität für die Kurse in polnischer Philologie ein. Aus diesem Grund übersiedelte ich mit meinem Vater von Wadowice nach Krakau. Wir fanden Unterkunft in der Tyniecka-Straße 10, im Stadtviertel Debniki. Das Haus gehörte den Verwandten meiner Mutter. Ich nahm das Studium an der *Philosophischen Fakultät der Jagellonen-Universität* auf und besuchte die Kurse in polnischer Philologie, konnte aber nur das erste Jahr abschließen, weil am 1. September 1939 der Zweite Weltkrieg ausbrach.

Was das Studium betrifft, so möchte ich unterstreichen, daß meine Wahl für die polnische Philologie von einer klaren Vorliebe für die Literatur motiviert war.

Doch schon während des ersten Jahres wurde meine Aufmerksamkeit auf *das Sprachstudium selbst* gelenkt. Wir studierten die deskriptive Grammatik der modernen polnischen Sprache und zugleich die geschichtliche Entwicklung der Sprache mit einem besonderen Interesse für deren altslawische Wurzeln. Das eröffnete mir völlig neue Horizonte, um nicht zu sagen, das *eigentliche Geheimnis des Wortes*.

Das Wort lebt, bevor es auf der Bühne gesprochen wird, in der Geschichte des Menschen als fundamentale Dimension seiner geistlichen Erfahrung. Es verweist letzten Endes auf *das unergründliche Geheimnis Gottes selbst*. Als ich durch die literarischen und linguistischen Studien das Wort neu entdeckte, mußte ich unweigerlich dem Geheimnis des Wortes näherkommen – jenes Wortes, auf das wir uns jeden Tag im *Angelusgebet* beziehen: „Und das Wort ist Fleisch geworden und hat unter uns gewohnt" (Joh 1,14). Später erkannte ich, daß das Studium der polnischen Philologie in mir den Boden für einen anderen Interessen- und Studienbereich bereitete und meinen Geist für die Philosophie und die Theologie empfänglich gemacht hatte.

DER AUSBRUCH DES ZWEITEN WELTKRIEGES

Aber kehren wir zum 1. September 1939 zurück. Der Kriegsausbruch veränderte auf ziemlich radikale Weise meinen weiteren Lebensweg. Die Professoren der Jagellonen-Universität versuchten zwar, das neue akademische Jahr in gewohnter Weise zu beginnen, doch die Vorlesungen dauerten nur bis zum 6. November 1939. An jenem Tag beriefen die deutschen Behörden

Wadowice, Geburtshaus von Johannes Paul II.

alle Professoren zu einer Versammlung ein, die mit der Deportation dieser angesehenen Wissenschaftler in das Konzentrationslager Sachsenhausen endete. Damit war das Studium der polnischen Philologie für mich abgeschlossen, und *es begann die Zeit der deutschen Besatzung,* in der ich zunächst viel zu lesen und zu schreiben versuchte. Genau in diese Periode fallen meine ersten literarischen Werke.

Um der Deportation zur Zwangsarbeit nach Deutschland zu entgehen, begann ich im Herbst 1940 *in einem Steinbruch zu arbeiten,* der zur Chemiefabrik Solvay gehörte. Er lag ungefähr eine halbe Stunde von meiner Wohnung in Debniki entfernt, in Zakrzówek, wohin ich jeden Tag zu Fuß ging. Über jenen Steinbruch schrieb ich dann ein Gedicht. Wenn ich es nach so vielen Jahren wieder lese, finde ich noch immer, daß es jene einzigartige Erfahrung besonders ausdrucksvoll wiedergibt:

> „Höre, den gleichmäßigen und so bekannten
>   Rhythmus der Hammerschläge,
> ich übertrage ihn in die Menschen, um die
>   Kraft jedes Schlages einzufangen.
> Höre, eine elektrische Sprengladung
>   zerschneidet den Fluß des Gesteins,
> und mit jedem Tag wächst in mir
>   ein Gedanke:
> die ganze Größe der Arbeit liegt
>   im Menschen ...“
>
> *Der Steinbruch: I, Materie, 1*

Ich war dabei, als während der Explosion einer Dynamitladung ein Arbeiter von den Steinen getroffen und erschlagen wurde. Ich war tief erschüttert:

„Sie bargen den Leichnam. Schweigend zogen
sie vorbei.
Noch immer ging von ihm Erschöpfung und
ein Gefühl von Ungerechtigkeit aus ..."
Der Steinbruch: IV, Erinnerung
an einen Arbeitsgefährten, 2–3

Die Verantwortlichen des Steinbruchs, durchwegs
Polen, versuchten, uns Studenten die schwersten Arbeiten zu ersparen. So übertrugen sie zum Beispiel mir die
Aufgabe eines Gehilfen des sogenannten Sprengmei-
sters: er hieß Franciszek Labus. Ich erinnere mich an
ihn, weil er manchmal zu mir sagte: „Karol, du solltest
Priester werden. Du wirst gut singen, weil du eine
schöne Stimme hast, und es wird dir gut gehen ..." Das
sagte er mit aller Einfachheit. So sprach er eine Überzeugung in bezug auf die Situation des Priesters aus, die
in der Gesellschaft ziemlich verbreitet war. Die Worte
des alten Arbeiters haben sich meinem Gedächtnis eingeprägt.

DAS THEATER DES LEBENDIGEN WORTES

In jener Zeit blieb ich mit dem *Theater des lebendigen*
Wortes in Kontakt, das Mieczyslaw Kotlarczyk gegrün-
det hatte und im Untergrund weiterbetrieb. Das Engagement am Theater wurde anfangs dadurch begünstigt,
daß ich Kotlarczyk und seine Frau Sofia, denen es gelungen war, von Wadowice nach Krakau innerhalb des
Generalgouvernements zu übersiedeln, bei mir zu Hause zu Gast hatte. Wir wohnten zusammen. Ich war als
Arbeiter tätig, er zunächst als Straßenbahner und dann
als Büroangestellter. Da wir die Wohnung miteinander

teilten, konnten wir nicht nur unsere Gespräche über das Theater fortführen, sondern auch deren konkrete Verwirklichungen versuchen, die genau den Charakter eines Theaters des Wortes annahmen. Es war ein sehr einfaches Theater. Der szenische und dekorative Teil war auf ein Minimum beschränkt; das Engagement konzentrierte sich im wesentlichen auf den Vortrag des poetischen Textes.

Die Aufführungen fanden vor einer kleinen Gruppe von Bekannten und geladenen Gästen statt, die ein besonderes Interesse für Literatur hatten und in gewisser Weise „Eingeweihte" waren. Es war unerläßlich, über diese Theaterzusammenkünfte Stillschweigen zu bewahren; andernfalls hätte man schwere Bestrafung von seiten der Besatzungsbehörden riskiert, die Deportation in die Konzentrationslager nicht ausgeschlossen. Ich muß zugeben, daß sich mir diese ganze Theatererfahrung tief eingeprägt hat, auch wenn mir zu einem bestimmten Zeitpunkt klar wurde, daß in Wirklichkeit dies *nicht meine Berufung war.*

Krakau, Collegium Maius der Jagellonen-Universität.

II

DIE ENTSCHEIDUNG ZUM EINTRITT
INS PRIESTERSEMINAR

Im Herbst 1942 faßte ich *endgültig den Entschluß,* in das Priesterseminar von Krakau einzutreten, das im Untergrund in Betrieb war. Der Rektor, P. Jan Piwowarczyk, nahm mich auf. Die Sache mußte selbst nahestehenden Menschen gegenüber streng geheim bleiben. Ich begann das Studium an der ebenfalls im geheimen betriebenen Theologischen Fakultät der Jagellonen-Universität, während ich weiter als Arbeiter bei Solvay tätig war.

Während der Besatzungszeit richtete der Erzbischof und Metropolit wiederum geheim in seiner Residenz das Priesterseminar ein. Das konnte jeden Augenblick sowohl für die Oberen wie für die Seminaristen strenge Repressionen von seiten der deutschen Behörden auslösen. Von September 1944 an wohnte ich in diesem außerordentlichen Seminar beim geliebten Metropoliten und konnte dort mit meinen Kollegen bis zum Tag oder, besser, der Nacht der Befreiung, dem 18. Januar 1945, bleiben. Es war nämlich Nacht, als die Rote Armee die

Umgebung von Krakau erreichte. Die Deutschen ließen auf dem Rückzug die Debnicki-Brücke sprengen. Ich erinnere mich an jene schreckliche Detonation: durch die gewaltige Luftverdrängung gingen sämtliche Fensterscheiben der Erzbischöflichen Residenz zu Bruch. Wir befanden uns gerade in der Kapelle zu einer Andacht, an der der Erzbischof teilnahm. Am nächsten Tag beeilten wir uns, die Schäden zu reparieren.

Ich muß jedoch noch einmal auf die langen Monate zurückkommen, die der Befreiung vorausgingen. Ich lebte, wie gesagt, mit den anderen Studenten in der Residenz des Erzbischofs. Er hatte uns gleich zu Beginn einen jungen Priester vorgestellt, der unser Spiritual sein sollte. Es handelte sich um den in Rom promovierten P. Stanislaw Smolenski, einen Mann von tiefer Spiritualität: er ist heute emeritierter Weihbischof von Krakau. P. Smolenski begann mit uns die reguläre Vorbereitungsarbeit auf das Priestertum. Zuerst hatten wir als Oberen nur einen Präfekten in der Person von P. Kazimierz Klósak, der seine Studien in Löwen absolviert hatte und Philosophieprofessor war: durch seine Askese und Güte weckte er in uns große Achtung und Bewunderung. Er war für seine Arbeit direkt dem Erzbischof verantwortlich, von dem übrigens auch unser geheimes Priesterseminar unmittelbar abhing. Nach den Sommerferien 1945 wurde der aus Wadowice stammende P. Karol Kozlowski, der bereits vor dem Krieg Spiritual des Seminars gewesen war, zum Nachfolger von P. Jan Piwowarczyk als Rektor des Seminars berufen, in dem er fast sein ganzes Leben verbracht hatte.

So kamen die Jahre der Ausbildung im Seminar zum Abschluß. Die beiden ersten Jahre, die im Studiengang der Philosophie gewidmet sind, habe ich im Unter-

Krakau, Tor der erzbischöflichen Residenz.

grund absolviert, während ich als Arbeiter tätig war. In den darauffolgenden Jahren 1944/45 setzte ich mein Studium an der Jagellonen-Universität immer eifriger fort, auch wenn es im ersten Nachkriegsjahr noch sehr unvollständig war. Normal verlief das akademische Jahr 1945/46. An der Theologischen Fakultät hatte ich das Glück, einigen herausragenden Professoren zu begegnen, wie P. Wladyslaw Wicher, Professor für Moraltheologie, und P. Ignacy Rózycki, Professor für Dogmatik, der mich in die wissenschaftliche Methode der Theologie einführte. In Gedanken umarme ich heute voller Dankbarkeit alle meine Oberen, Spirituale und Professoren, die während meiner Zeit am Priesterseminar zu meiner Ausbildung beigetragen haben. Möge der Herr ihnen ihre Mühen und ihr Opfer vergelten!

Zu Beginn des fünften Jahres beschloß der Erzbischof, mich zur Vervollständigung meiner Studien nach Rom zu schicken. So kam es, daß ich, früher als meine Kommilitonen, *am 1. November 1946 zum Priester geweiht wurde.* In jenem Jahr waren wir natürlich zahlenmäßig nur eine sehr kleine Gruppe: insgesamt sieben. Heute leben nur mehr drei von uns. Die Tatsache, daß wir wenige waren, hatte ihre Vorteile: es ermöglichte uns, einander besser kennenzulernen und tiefe Bande der Bekanntschaft und Freundschaft zu knüpfen. Das galt in gewisser Weise auch für die Beziehungen zu den Oberen und zu den Professoren sowohl in der Zeit des Untergrunds als auch in der kurzen offiziellen Studienzeit an der Universität.

Von dem Augenblick an, da ich Kontakt mit dem Priesterseminar aufnahm, gestalteten sich meine Ferien in ganz neuer Weise. Ich wurde vom Erzbischof in die *Pfarrei Raciborowice* in der Umgebung von Krakau geschickt. Dem Pfarrer, P. Józef Jamróz, und den Vikaren jener Pfarrei, die zu Lebensgefährten eines jungen heimlichen Seminaristen wurden, fühle ich mich zu tiefer Dankbarkeit verpflichtet. Ich denke besonders an P. Franciszek Szymonek, dem später während der stalinistischen Schreckensherrschaft der Prozeß gemacht wurde – mit demonstrativer Stoßrichtung gegen die erzbischöfliche Kurie von Krakau: er wurde zum Tod verurteilt. Glücklicherweise wurde er nach kurzer Zeit begnadigt. Ich denke auch an P. Adam Biela, einen meiner älteren Kollegen vom Gymnasium in Wadowice. Dank dieser jungen Priester konnte ich das christliche Leben der ganzen Pfarrei kennenlernen.

Bald darauf entstand auf dem Gebiet des Dorfes Bienczyce, das zur Pfarrei Raciborowice gehörte, ein riesiges Wohnviertel mit dem Namen Nowa Huta. Dort verbrachte ich während der Ferien 1944 und nach Kriegsende 1945 viele Tage. Ich hielt mich wiederholt lange in der alten Kirche von Raciborowice auf, die noch auf die Zeit von Jan Dlugosz zurückging. Viele Stunden widmete ich der Meditation, während ich auf dem Friedhof spazierenging. Ich hatte meine Bücher nach Raciborowice mitgebracht: die kommentierte Ausgabe der Werke des hl. Thomas. Ich lernte die Theologie sozusagen vom „Zentrum“ einer großen theologischen Tradition her. Damals begann ich eine Arbeit über den hl. Johannes vom Kreuz zu schreiben, die ich dann unter der Leitung von Prof. Ignacy Rózycki,

Dozent an der soeben wiedereröffneten Krakauer Universität, fortsetzte. Abgeschlossen habe ich die Studie dann am *Angelicum* unter Anleitung von P. Prof. Garrigou-Lagrange.

KARDINAL ADAM STEFAN SAPIEHA

Entscheidenden Einfluß auf unseren ganzen Ausbildungsgang zum Priestertum übte *die große Gestalt des Metropoliten aus fürstlichem Haus* und späteren Kardinals Adam Stefan Sapieha aus, dem mein bewegtes und dankbares Andenken gilt. Sein Einfluß war durch den Umstand gewachsen, daß wir in der Übergangszeit bis zur Wiedereröffnung des Seminars in seiner Residenz wohnten und ihm täglich begegneten. Der Metropolit von Krakau war gleich nach dem Krieg in relativ fortgeschrittenem Alter zum Kardinal ernannt worden. Die gesamte Bevölkerung hielt diese Ernennung für eine gerechte Anerkennung der Verdienste jenes großen Mannes, der es während der deutschen Besatzung verstanden hatte, die Ehre der Nation zu verteidigen, indem er in einer für alle deutlichen Art und Weise die eigene Würde unter Beweis stellte.

Ich erinnere mich an jenen Tag im März – es war in der Fastenzeit –, als der Erzbischof aus Rom zurückkehrte, nachdem er den Kardinalshut empfangen hatte. Die Studenten hoben sein Auto auf ihre Schultern und trugen es ein gutes Stück weit bis zur Basilika Mariä Himmelfahrt auf dem Großen Markt; auf diese Weise gaben sie der religiösen und patriotischen Begeisterung Ausdruck, die jene Kardinalsernennung unter der Bevölkerung ausgelöst hatte.

III

EINFLÜSSE AUF MEINE BERUFUNG

Ich habe das Umfeld des Priesterseminars ausführlich beschrieben, weil es sicher die größte Bedeutung für meine Priesterausbildung hatte. Wenn ich jedoch meinen Blick auf einen breiteren Horizont hin weite, sehe ich klar und deutlich, daß mir von vielen anderen Seiten und Personen positive Einflüsse zuströmten, über die mich Gottes Stimme erreicht hat.

DIE FAMILIE

Der Vorbereitung auf das Priestertum, die ich im Seminar erhielt, war jene, die mir *in der Familie* durch das Leben und Vorbild der Eltern zuteil geworden war, *in gewisser Weise vorausgegangen*. Meine Dankbarkeit gilt vor allem *meinem Vater*, der sehr früh Witwer wurde. Ich hatte noch nicht die Erstkommunion empfangen, als ich meine Mutter verlor: ich war kaum neun Jahre alt. Daher habe ich keine klare Kenntnis von dem sicherlich großen Beitrag, den sie zu meiner religiösen Erziehung geleistet hat. Nach ihrem Tod und dann nach dem Hinscheiden meines älteren Bruders blieb ich mit meinem Vater, einem tief religiösen Mann, allein. Ich konnte tagtäglich sein Leben beobachten, das würdevoll und streng war. Von Beruf war er Soldat, und als er Witwer geworden war, wurde sein Leben zu einem Leben ständigen Gebets. Es kam vor, daß ich nachts aufwachte und meinen Vater am Boden kniend vorfand, so wie ich ihn immer in der Pfarrkirche knien sah. Von Berufung zum Priestertum war zwischen uns allerdings nie die Rede gewesen, doch *sein Beispiel war für mich in gewisser Weise das erste Seminar*, eine Art Hausseminar.

Die Fabrik Solvay

Nach den frühen Jugendjahren wurden dann *der Steinbruch und die Kläranlage* in der Bikarbonat-Fabrik in Borek Falecki für mich zum Seminar. Und dabei handelte es sich nicht mehr bloß um ein *Vor-Seminar*, wie in Wadowice. Die Fabrik war für mich in jener Lebensphase ein echtes, wenn auch geheimes Priesterseminar. Im September 1940 hatte ich im Steinbruch zu arbeiten begonnen; nach einem Jahr kam ich an die Kläranlage in der Fabrik. Das waren die Jahre, in denen mein endgültiger Entschluß heranreifte. Im Herbst 1942 nahm ich als ehemaliger Student der polnischen Philologie und zum damaligen Zeitpunkt Arbeiter bei Solvay das Studium im geheimen Priesterseminar auf. Ich war mir damals nicht bewußt, welche Bedeutung das für mich haben würde. Erst später, als ich als Priester während des Studiums in Rom durch meine Kommilitonen vom Belgischen Kolleg auf das Problem der Arbeiterpriester und auf die Bewegung der Christlichen Arbeiterjugend

(CAJ) stieß, begriff ich, daß ich das, was für die Kirche und das Priestertum im Westen so wichtig geworden war – nämlich der Kontakt mit der Welt der Arbeit –, bereits in meine Lebenserfahrung eingebracht hatte.

Tatsächlich war meine Erfahrung nicht die eines „Arbeiterpriesters", sondern eines „Arbeiter-Seminaristen". Da ich manuell arbeitete, wußte ich sehr wohl, was körperliche Anstrengung bedeutete. Ich kam jeden Tag mit Leuten zusammen, die Schwerstarbeit leisteten. Ich kannte ihr Milieu, ihre Familien, ihre Interessen, ihren menschlichen Wert und ihre Würde. Mir persönlich wurde von ihnen große Herzlichkeit zuteil. Sie wußten, daß ich Student war, und sie wußten auch, daß ich, sobald es die Umstände zuließen, das Studium wieder aufnehmen würde. Niemals stieß ich deswegen auf Feindseligkeit. Es störte sie nicht, daß ich zur Arbeit die Bücher mitbrachte. Sie sagten: „Wir werden schon aufpassen: Lies nur ruhig!" Das geschah vor allem während der Nachtschichten. Sie sagten oft: „Ruhe dich nur aus, wir passen schon auf!"

Ich schloß mit vielen Arbeitern Freundschaft. Manchmal luden sie mich zu sich nach Hause ein. Später, als Priester und Bischof, taufte ich ihre Kinder und Enkel, nahm die Segnung ihrer Ehen vor und zelebrierte für viele von ihnen die Totenmesse. Auch konnte ich bemerken, wie viele religiöse Gefühle und wieviel Lebensweisheit sich in ihnen verbargen. Diese sehr engen Kontakte blieben, wie schon angedeutet, auch nach dem Ende der deutschen Besatzung und in der Folge dann praktisch bis zu meiner Wahl zum Bischof von Rom weiter bestehen. Einige dieser Kontakte dauern in Form des Briefwechsels bis heute fort.

Ich muß noch einmal kurz auf die Zeit unmittelbar vor meinem Eintritt ins Priesterseminar zurückkommen. Denn einen Kreis und darin eine Persönlichkeit, von der ich in jener Zeit wirklich viel empfangen habe, kann und darf ich nicht unerwähnt lassen. Der Kreis war *meine* dem hl. Stanislaus Kostka geweihte *Pfarrei* im Krakauer Stadtteil Debniki. Die Pfarrei wurde von den Salesianer-Patres geleitet, die eines Tages von den Nazis ins Konzentrationslager gebracht wurden. Es sind nur ein alter Pfarrer und der Provinzial zurückgeblieben, alle anderen wurden in Dachau interniert. Ich glaube, in der Entwicklung meiner Berufung hat das *Umfeld der Salesianer* eine wichtige Rolle gespielt.

Im Bereich der Pfarrei gab es eine Person, die sich von den anderen unterschied: ich meine *Jan Tyranowski*. Er war Angestellter von Beruf, auch wenn er sich entschlossen hatte, in der Schneiderwerkstatt seines Vaters zu arbeiten. Er behauptete, daß die Arbeit als Schneider ihm das innere Leben erleichtern würde. Er war ein Mann von besonders tiefer Spiritualität. Die Salesianer-Patres, die in jener schweren Zeit wieder mutig begonnen hatten, die Jugendseelsorge zu beleben, hatten ihm die Aufgabe übertragen, im Rahmen des sogenannten „lebendigen Rosenkranzes" Kontakte zur Jugend zu knüpfen. Jan Tyranowski erfüllte diesen Auftrag, wobei er sich nicht auf den organisatorischen Aspekt beschränkte, sondern sich auch um die geistliche Formung der jungen Menschen kümmerte, die mit ihm Verbindung aufnahmen. Auf diese Weise erlernte ich die grundlegenden Methoden der Selbstbildung, die dann auf dem Weg der Ausbildung im Seminar ihre Bestätigung und Weiterentwicklung finden sollten.

Kalwaria Zebrzydowska, Marienheiligtum.

Jan Tyranowski, der sich mit Hilfe der Schriften des hl. Johannes vom Kreuz und der hl. Theresia von Avila weiterbildete, führte mich in die für mein Alter außergewöhnliche Lektüre ihrer Werke ein.

DIE KARMELITEN

Dies erhöhte in mir das Interesse für die Spiritualität des Karmel. In der Rakowicka-Straße in Krakau gab es ein Kloster der *Unbeschuhten Karmeliten*. Ich besuchte sie und machte einmal meine Exerzitien bei ihnen, wobei ich die geistliche Begleitung von Pater Leonhard von der Schmerzhaften Mutter in Anspruch nahm.

Eine gewisse Zeit erwog ich auch die Möglichkeit, in den Karmel einzutreten. Die Unschlüssigkeit behob Erzbischof Kardinal Sapieha, indem er – in der ihm eigenen Art – kurz und bündig sagte: „Zuerst muß das zu Ende geführt werden, was man begonnen hat." Und so geschah es.

PATER KAZIMIERZ FIGLEWICZ

Mein Beichtvater und geistlicher Begleiter während jener Jahre war Pater Kazimierz Figlewicz. Ich war ihm zum ersten Mal begegnet, als ich die erste Klasse des Gymnasiums in Wadowice besuchte. Pater Figlewicz, der Pfarrvikar von Wadowice war, erteilte uns Religionsunterricht. Durch ihn kam ich der Pfarrei näher, wurde Ministrant und organisierte in gewisser Weise die Gruppe der Ministranten. Als er Wadowice verließ, um an die Kathedrale auf dem Wawel zu gehen, blieb ich weiter in Kontakt mit ihm. Ich erinnere mich, als ich in der fünften Gymnasialklasse war, lud er mich nach Krakau zur Teilnahme am *Triduum Sacrum* ein, das am Mittwochnachmittag der Karwoche mit dem sogenannten „Officium tenebrarum" begann. Ein Erlebnis, das tiefe Spuren in mir hinterlassen hat.

Als ich nach dem Abitur mit meinem Vater nach Krakau übersiedelte, intensivierte ich meine Verbindung zu Pater Figlewicz, der das Amt des Vizekustos der Kathedrale innehatte. Ich ging zu ihm zur Beichte, und während der deutschen Besatzung besuchte ich ihn sehr oft.

Jener 1. September 1939 wird sich wohl nie mehr aus meinem Gedächtnis tilgen lassen: es war der erste Freitag des Monats. Ich hatte mich auf den Wawel begeben, um zu beichten. Der Dom war leer. Es war vielleicht das letzte Mal, daß ich die Kirche ohne weiteres betreten konnte. Sie wurde dann geschlossen, und die Königsburg auf dem Wawel wurde zum Sitz des Generalgouverneurs Hans Frank. Pater Figlewicz war der einzige Priester, der zweimal in der Woche im verschlossenen Dom und unter Aufsicht deutscher Polizisten die heilige Messe feiern konnte. In jener schweren Zeit zeigte sich noch deutlicher, was ihm die Kathedrale, die Königsgräber, der Altar des heiligen Bischofs und Märtyrers Stanislaus bedeuteten. P. Figlewicz war bis zu seinem Tod ein getreuer Hüter jenes besonderen Heiligtums der Kirche und der Nation, indem er mir eine große Liebe zur Kathedrale auf dem Wawel einprägte, die eines Tages meine Bischofskirche werden sollte.

Am 1. November 1946 wurde ich zum Priester geweiht. Als ich am Tag darauf in der Krypta der Kathedrale die „Primiz" feierte, stand Pater Figlewicz neben mir und geleitete mich. Der fromme Priester ist schon seit einigen Jahren tot. Der Herr allein vermag ihm all das Gute zu vergelten, das ich von ihm empfangen habe.

DER „DRAHT ZU MARIA"

Wenn ich von den Ursprüngen meiner Priesterberufung spreche, *kann ich natürlich nicht den „Draht zu Maria" vergessen.* Die Verehrung der Muttergottes in ihrer traditionellen Form rührt für mich von der Familie und von der Pfarrei Wadowice her. Ich erinnere mich in der Pfarrkirche an eine der Muttergottes von der Immerwährenden Hilfe geweihte Seitenkapelle, wo sich die Gymnasiasten morgens, vor Beginn des Unterrichts, einfanden. Auch nach Unterrichtsschluß am Nachmittag kamen viele Schüler hierher, um zur Seligen Jungfrau zu beten.

Außerdem gab es in Wadowice auf dem Hügel ein Karmelitenkloster, dessen Gründung bis in die Zeit des hl. Rafael Kalinowski zurückreichte. Die Bewohner von Wadowice besuchten es in großer Zahl, was sich in der Verbreitung und *Verehrung des Skapuliers Unserer Lieben Frau vom Berge Karmel* widerspiegelte. Auch ich habe es, ich glaube im Alter von zehn Jahren, erhalten und trage es noch immer. Auch zum Beichten ging man zu den Karmeliten. Auf diese Weise bildete sich in mir die Verehrung Mariens sowohl in der Pfarrkirche wie in der Kirche des Karmel während der Jahre meiner Kindheit und meiner Jugend bis zur Reifeprüfung.

Als ich im Krakauer Stadtviertel Debniki wohnte, trat ich in die Gruppe des „lebendigen Rosenkranzes" in der Salesianer-Pfarrei ein. Dort wurde besonders Maria als Nothelferin verehrt. In Debniki – es war die Zeit, wo meine Priesterberufung auch dank dem erwähnten Einfluß von Jan Tyranowski Gestalt anzunehmen begann – veränderte und vertiefte sich in mir die Verehrung der Muttergottes. Daß *Maria uns zu Christus führt*, davon war ich bereits überzeugt, doch damals begann ich zu begreifen, *daß auch Christus uns zu seiner Mutter führt*. Es gab einen Augenblick, wo ich meine Verehrung für Maria irgendwie in Frage stellte, weil ich glaubte, durch ihre zu große Verbreitung würde schließlich der Vorrang der Verehrung, die Christus zukommt, gefährdet. Da kam mir das Buch des hl. Ludwig Maria Grignion de Montfort zu Hilfe: „Traktat über die wahre Verehrung der seligen Jungfrau Maria". In diesem Buch fand ich die Antwort auf meine Ratlosigkeit. Ja, Maria bringt uns Christus näher, sie führt uns zu ihm, vorausgesetzt, daß ihr Geheimnis in Christus gelebt wird. An dem Traktat des hl. Ludwig Maria Grignion de Montfort mag sein etwas schwülstiger, barocker Stil stören, aber das Wesentliche der darin enthaltenen theologischen Wahrheiten ist unanfechtbar. Der Verfasser ist ein Theologe von Klasse. Sein mariologisches Denken wurzelt im trinitarischen Geheimnis und in der Wahrheit von der Menschwerdung des Wortes Gottes.

Da verstand ich, warum die Kirche dreimal am Tag den *Engel des Herrn* betet. Ich begriff, wie entscheidend die Worte dieses Gebetes sind: „Der Engel des Herrn brachte Maria die Botschaft. Und sie empfing vom Heiligen Geist ... Siehe, ich bin die Magd des Herrn. Mir geschehe nach deinem Wort ... Und das Wort ist Fleisch geworden und hat unter uns gewohnt ..." Wahrhaft entscheidende Worte! Sie bringen den Kern des groß-artigsten Geschehens zum Ausdruck, das sich in der Menschheitsgeschichte ereignet hat.

Damit ist die Herkunft des „Totus Tuus" erklärt. Der Ausdruck stammt vom hl. Ludwig Maria Grignion de Montfort. Es ist die Kurzformel für die vollkom-menste Form der Hingabe an die Muttergottes, die so lautet: *„Totus Tuus ego sum et omnia mea Tua sunt. Accipio Te in mea omnia. Praebe mihi cor Tuum, Maria."*

So begann ich, dank dem hl. Ludwig, aus einer in gewissem Sinne neuen Einstellung heraus all die Schätze marianischer Frömmigkeit zu entdecken: Ich habe zum Beispiel als Kind die „Gebete der Kirche über die Unbe-fleckte Empfängnis der Allerseligsten Jungfrau Maria" gehört, die in der Pfarrkirche gesungen wurden, doch erst später wurde mir der in ihnen enthaltene theologi-sche und biblische Reichtum bewußt. Dasselbe ereig-nete sich bei den volkstümlichen Liedern, zum Beispiel bei den polnischen Weihnachtsliedern und den Klage-gesängen über das Leiden und Sterben Jesu Christi in der Fastenzeit, unter denen der Dialog der Seele mit der Schmerzhaften Muttergottes einen besonderen Platz einnimmt.

Aufgrund dieser geistlichen Erfahrungen nahm *der Leitfaden für Gebet und Betrachtung* feste Konturen an, der meine Schritte auf dem Weg zum Priestertum und dann in allem späteren wechselvollen Geschehen bis heute lenken sollte. Dieser Weg führte mich schon als Kind und noch mehr als Priester und als Bischof nicht selten auf die marianischen Pfade von Kalwaria

*Krakau, Zugangstreppe zur Wohnung
in der Tyniecka-Straße 10.*

Zebrzydowska. Kalwaria ist das bedeutendste Marienheiligtum der Erzdiözese Krakau. Immer wieder habe ich diesen Ort aufgesucht, und während ich in einsamer Stille über jene Wege wandelte, trug ich dem Herrn im Gebet die verschiedenen Probleme der Kirche vor, besonders in der schwierigen Zeit, in der sie sich mit dem Kommunismus auseinandersetzen mußte. Wenn ich zurückblicke, stelle ich fest, wie „alles zusammenhängt": heute wie gestern *befinden wir uns mit derselben Intensität im Bannstrahl desselben Geheimnisses.*

DER HEILIGE BRUDER ALBERT

Ich frage mich manchmal, welche Rolle bei meiner Berufung *der heilige Bruder Albert* gespielt hat. Adam Chmielowski – das war sein Name – war nicht Priester. Jedermann in Polen weiß, wer Bruder Albert war. In der Zeit meiner Leidenschaft für das rhapsodische Theater und für die Kunst übte die Gestalt dieses mutigen Mannes, der am „Januaraufstand" (1863) teilgenommen und bei den Kampfhandlungen ein Bein verloren hatte, eine besondere geistige Faszination aus. Bruder Albert war bekanntlich Maler: Seine Studien hatte er in München absolviert. Das von ihm hinterlassene künstlerische Erbe beweist, daß er großes Talent besaß. Nun, dieser Mann bricht zu einem bestimmten Zeitpunkt seines Lebens mit der Kunst, weil er begreift, daß Gott ihn zu wichtigeren Aufgaben ruft. Nachdem er von der Lage der Ärmsten von Krakau erfahren hatte, deren Treffpunkt der öffentliche Schlafsaal, auch „Ort zum Wärmen" genannt, in der Krakowska-Straße war, beschloß Adam Chmielowski, einer von ihnen zu werden, nicht als Almosenspender, der von draußen kommt, um Gaben zu verteilen, sondern als einer, der sich selbst hingibt, um den Notleidenden zu dienen.

Dieses faszinierende Beispiel der Aufopferung spornt viele zur Nachahmung an. Um Bruder Albert sammeln sich Männer und Frauen. Es entstehen zwei Orden, die sich den Allerärmsten widmen. Das alles ereignet sich am Anfang unseres Jahrhunderts, in der Zeit unmittelbar vor dem Ersten Weltkrieg.

Bruder Albert sollte den Augenblick, da Polen seine Unabhängigkeit erlangte, nicht mehr erleben. Er starb zu Weihnachten 1916. Sein Werk wird ihn jedoch überleben, indem es die polnischen Traditionen eines im Evangelium begründeten Radikalismus ausdrückt, der sich in den Fußstapfen des hl. Franz von Assisi und des hl. Johannes vom Kreuz bewegt.

In der Geschichte der polnischen Spiritualität nimmt der heilige Bruder Albert einen besonderen Platz ein. Für mich war seine Gestalt entscheidend, weil ich bei ihm einen besonderen *geistlichen Halt und ein Vorbild* fand, als ich mich *wegen der radikalen Entscheidung zum Priesterberuf* von der Kunst, von der Literatur und vom Theater abwandte. Eine der größten Freuden, die ich als Papst hatte, war es, diesen „Poverello" von Krakau mit der grauen Kutte zur Ehre der Altäre zu erheben, zunächst durch seine Seligsprechung in Blonie Krakowskie während meiner Polenreise im Jahr 1983 und dann durch die Heiligsprechung in Rom im November des denkwürdigen Jahres 1989. Viele polnische Schriftsteller haben die Gestalt von Bruder Albert unsterblich gemacht. Unter den vielfältigen literarischen Werken, den Romanen und Dramen, verdient die ihm gewidmete Monographie von Pater Konstanty Michalski besonders hervorgehoben zu werden. Als junger Priester, als Vikar an der St.-Florian-Kirche in

Krakau, habe auch ich ihm ein dramatisches Werk mit dem Titel „Der Bruder unseres Gottes" gewidmet, um auf diese Weise die Dankesschuld abzuzahlen, die ich ihm gegenüber hatte.

KRIEGSERFAHRUNG

Die endgültige Reifung meiner Priesterberufung erfolgte, wie gesagt, in der *Zeit des Zweiten Weltkrieges,* während der Besatzung durch die Nazis. Ein einfaches zeitliches Zusammentreffen? Oder gab es da einen tieferen Zusammenhang zwischen dem, was in mir heranreifte, und dem geschichtlichen Rahmen? Eine solche Frage läßt sich schwer beantworten. Sicher, in Gottes Plänen ist nichts zufällig. Was ich sagen kann, ist, daß die Tragödie des Krieges dem Reifungsprozeß meiner Lebensentscheidung eine besondere Färbung verlieh. Sie half mir, *den Wert und die Bedeutung der Berufung* aus einem neuen Blickwinkel zu erfassen. Angesichts des Umsichgreifens des Bösen und der Greuel des Krieges wurde mir der Sinn des Priestertums und seiner Sendung in der Welt immer klarer.

Der Ausbruch des Krieges schnitt mich vom Studium und vom Universitätsgeschehen ab. Zu der Zeit verlor ich meinen Vater, den letzten Menschen, der mir von meinen engsten Angehörigen geblieben war. Auch das brachte, objektiverweise, *einen Prozeß der Abkehr* von meinen früheren Plänen mit sich; es war mir irgendwie, als würde ich dem Boden entwurzelt, auf dem bis dahin mein Menschsein gewachsen war.

Dabei handelte es sich jedoch nicht um einen rein negativen Prozeß. Denn gleichzeitig erschien vor meinem Bewußtsein immer klarer ein Licht: *Der Herr will, daß ich Priester werde.* Eines Tages verstand ich es mit aller Klarheit: es war wie eine innere Erleuchtung, die die Freude und die Gewißheit über eine neue Berufung an sich hatte. Und dieses Bewußtsein erfüllte mich mit einem großen inneren Frieden.

Das ereignete sich vor dem Hintergrund der schrecklichen Ereignisse, die sich um mich herum in Krakau, in Polen, in Europa und in der Welt abspielten. Ich selber habe nur einen kleinen Teil von dem unmittelbar erlebt, was meine Landsleute ab 1939 durchgemacht haben. Ich denke besonders an meine Mitabiturienten in Wadowice, an meine sehr lieben Freunde, unter ihnen einige Juden. Manche hatten sich bereits 1938 für den Militärdienst entschieden. Der Jüngste unserer Klasse scheint als erster im Krieg gefallen zu sein. Später erfuhr ich nur in großen Zügen das Schicksal anderer, die an den verschiedenen Fronten gefallen oder in den Konzentrationslagern umgekommen waren oder bei Tobruk und in Montecassino kämpften oder in die Herrschaftsgebiete der Sowjetunion deportiert worden sind: nach Rußland und nach Kasachstan. Ich erfuhr diese Nachrichten zuerst nur scheibchenweise, dann vollständiger während des Treffens zur zehnjährigen Abiturfeier 1948 in Wadowice.

Von dem großen und schrecklichen *Theater* des Zweiten Weltkrieges *war mir viel erspart geblieben.* Ich hätte jeden Tag von zu Hause, vom Steinbruch, von der Fabrik weg verhaftet und in ein Konzentrationslager gebracht werden können. Manchmal fragte ich mich: So viele meiner Altersgenossen verlieren ihr Leben, *warum ich nicht?* Heute weiß ich, daß das kein Zufall war. Angesichts des großen Übels des Krieges wandte sich in meinem persönlichen Leben alles zum Guten, das in der Berufung bestand. Ich kann das Gute nicht vergessen, das ich in jener schweren Zeit von den Menschen empfangen habe, die der Herr mir auf meinen Weg sandte: zu ihnen gehörten meine Familienangehörigen, ebenso Bekannte und Kollegen.

DAS OPFER DER POLNISCHEN PRIESTER

Hier taucht noch eine andere, einzigartige und wichtige Dimension meiner Berufung auf. Die Jahre der deutschen Besatzung im Westen und der sowjetischen im Osten hatten eine enorme Zahl von *Verhaftungen und Deportationen polnischer Priester in die Konzentrationslager* zur Folge. Allein in Dachau waren ungefähr dreitausend von ihnen interniert. Es gab andere Lager, wie zum Beispiel Auschwitz, wo der erste nach dem Krieg heiliggesprochene Priester, der hl. Maximilian Maria Kolbe, Franziskaner aus Niepokalanów, sein Leben für Christus hingab. Unter den Gefangenen von Dachau befand sich der Bischof von Wloclawek, Msgr. Michal Kozal, den ich zu meiner Freude 1987 in Warschau seligsprechen konnte. Nach dem Krieg wurden einige von den früheren gefangenen Priestern aus den Konzentrationslagern zum Bischofsamt berufen. Heute leben noch die Erzbischöfe Kazimierz Majdanski und Adam Kozlowìecki und Bischof Ignacy Jez, die letzten drei Bischofs-Zeugen der Vernichtungslager: Sie wissen nur zu gut, was jene Erfahrung im Leben unzähliger Priester bedeutet hat. Um das Bild zu vervollständigen, müssen auch die deutschen Priester jener Epoche hinzugefügt werden, die in den Lagern ja dasselbe Schicksal erlitten haben. Ich hatte die Ehre, einige von ihnen seligzusprechen: allen voran Pater Rupert Mayer in München und dann, während meiner jüngsten apostolischen Reise nach Deutschland, Msgr. Bernhard Lichtenberg, Pfarrer an der Kathedrale von Berlin, und Pater Karl Leisner aus der Diözese Münster. Letzterer konnte, nachdem er 1944 im Konzentrationslager zum Priester geweiht worden war, nach seiner Priesterweihe nur einmal die heilige Messe feiern.

Ganz besondere Erwähnung verdient *das Martyrium der Priester in den Lagern Sibiriens und in anderen Lagern auf dem Territorium der Sowjetunion.* Aus der großen Zahl derer, die dort eingesperrt waren, will ich an P. Tadeusz Fedorowicz erinnern, der in Polen sehr bekannt ist und dem ich als Spiritual persönlich viel verdanke. P. Fedorowicz, ein junger Priester der Erzdiözese Leopoli, hatte sich spontan zu seinem Erzbischof begeben mit der Bitte, eine Gruppe nach dem Osten deportierter Polen begleiten zu dürfen. Erzbischof Twardowski gab ihm die Erlaubnis, und er konnte auf diese Weise unter den über das Gebiet der Sowjetunion, vor allem in Kasachstan, zerstreuten Landsleuten seine priesterliche Sendung erfüllen. Zuletzt hat er dieses tragische Geschehen in einem interessanten Buch beschrieben.

Was ich in diesem Zusammenhang über die Konzentrationslager gesagt habe, ist nur ein, wenn auch dramatischer Teil dieser Art „Apokalypse" unseres Jahrhunderts. Ich habe darauf hingewiesen, um zu unterstreichen, daß *mein Priestertum bereits bei seinem Entstehen einbezogen war in das große Opfer so vieler Männer und Frauen meiner Generation.* Mir hat die Vorsehung die schwersten Erfahrungen erspart; um so größer ist daher mein Gefühl des Respekts, den ich den mir bekannten wie auch den viel zahlreicheren mir unbekannten Personen, ohne Unterschied der Nation und Sprache, schulde, die durch ihr Opfer auf dem großen Altar der Geschichte dazu beigetragen haben, daß ich meine Berufung zum Priestertum verwirklichen konnte. In gewisser Weise waren sie es, die mich auf diesen Weg geführt haben, indem sie mir in der Dimension des Opfers die tiefste und wesentliche Wahrheit des Priestertums Christi verdeutlichten.

DIE IN DER HÄRTE DES KRIEGES ERFAHRENE GÜTE

Ich sagte, daß ich während der schweren Kriegsjahre von den Menschen viel Gutes empfangen habe. Ich denke besonders *an eine Familie, ja an mehrere Familien, die ich während der Besatzung kennenlernte.* Mit Juliusz Kydrynski arbeitete ich zuerst im Steinbruch und dann in der Fabrik Solvay. Wir waren in der Gruppe der Arbeiterstudenten, zu der auch Wojciech Zukrowski, sein jüngerer Bruder Antoni und Wieslaw Kaczmarczyk gehörten. Juliusz Kydrynski war ich schon vor Kriegsbeginn begegnet, als ich das erste Jahr polnische Literatur- und Sprachwissenschaft studierte. Während des Krieges haben sich diese Freundschaftsbande intensiviert. Ich lernte seine Mutter, die Witwe war, sowie seine Schwester und seinen jüngeren Bruder kennen. Als ich am 18. Februar 1941 meinen Vater verlor, umgab mich die Familie Kydrynski mit zuvorkommender Sorge und Liebe. Ich erinnere mich ganz genau an jenen Tag: Als ich von der Arbeit kam, fand ich meinen Vater tot. In jenem Augenblick war die Freundschaft der Kydrynskis eine große Stütze für

Krakau, Fassade des Priesterseminars.

mich. Die Freundschaft weitete sich dann auf andere
Familien aus, insbesondere auf die der Szkockis, die in
der Ksiecia Józefa-Straße wohnten. Mit Hilfe von Frau
Jadwiga Lewaj, die bei ihnen wohnte, begann ich Fran-
zösisch zu lernen. Zofia Pozniak, die ältere Tochter der
Szkockis, deren Mann sich in Gefangenschaft befand,
lud uns zu den Konzerten ein, die sie in ihrem Haus
organisierte. Auf diese Weise wurde die dunkle Zeit des
Krieges und der Besatzung von dem Licht der Schönheit
erhellt, das von der Musik und der Poesie ausstrahlt.
Das war vor meinem Entschluß, ins Priesterseminar einzutreten.

IV

PRIESTER!

Meine Priesterweihe fand an einem für solche Feiern ungewöhnlichen Tag statt: nämlich am 1. November, dem Allerheiligenfest, wo die Liturgie der Kirche ganz auf die Feier des Geheimnisses der Gemeinschaft der Heiligen hingeordnet ist und sich auf das Gedenken der verstorbenen Gläubigen vorbereitet. Der Erzbischof wählte dieses Datum, weil ich zur Fortsetzung meines Studiums nach Rom abreisen sollte. Ich empfing die Priesterweihe allein in der Privatkapelle der Erzbischöfe von Krakau. Meine Studienkollegen sollten am Palmsonntag des folgenden Jahres zu Priestern geweiht werden.

Im Oktober war ich zum Subdiakon und Diakon geweiht worden. Es war ein Monat intensiven Gebets, geprägt von den geistlichen Übungen, mit denen ich mich auf den Empfang der heiligen Weihe vorbereitete: sechstägige Exerzitien vor dem Subdiakonat und dann drei- bzw. sechstägige Exerzitien vor der Diakonats- bzw. der Priesterweihe. Die letzten Exerzitien machte ich allein in der Kapelle des Priesterseminars. Am Allerheiligentag fand ich mich morgens in der Residenz der Krakauer Erzbischöfe, Franciszkanska-Straße 3, ein, um die Priesterweihe zu empfangen. An der Zeremonie nahm eine kleine Gruppe von Verwandten und Freunden teil.

ERINNERUNG AN EINEN MITBRUDER AUF DEM WEG ZUM PRIESTERBERUF

Der Ort meiner Priesterweihe war, wie gesagt, *die Privatkapelle der Erzbischöfe von Krakau.* Ich erinnere mich, daß ich während der Besatzung oft morgens dorthin ging, um dem Metropoliten während der heiligen Messe als Ministrant zu dienen. Ich erinnere mich auch, daß eine Zeitlang ein anderer heimlicher Seminarist, Jerzy Zachuta, mitkam. Eines Tages fand er sich nicht ein. Als ich nach der Messe an seinem Haus in Ludwinów (bei Debniki) vorbeikam, erfuhr ich, daß er in der Nacht von der Gestapo verhaftet worden war. Gleich darauf erschien sein Name auf der Liste der zum Tod durch Erschießen verurteilten Polen. Als ich in jener Kapelle, in der wir so oft zusammengewesen waren, die Priesterweihe empfing, mußte ich mit tiefer Sehnsucht an diesen Bruder im Priesterberuf denken, den Christus auf andere Art mit dem Geheimnis seines Todes und seiner Auferstehung vereint hatte.

KOMM, SCHÖPFER GEIST!

Ich sehe mich also wieder in jener Kapelle, als ich, während der Hymnus *Veni, Creator Spiritus* und die Allerheiligenlitanei gesungen wurden, in Erwartung der Handauflegung in Form eines Kreuzes ausgestreckt auf dem Boden lag. Ein ergreifender Augenblick! In der Folge hatte ich viele Male Gelegenheit, als Bischof und als Papst diesen Ritus zu leiten. Die Prostratio, das der ganzen Länge nach am Boden Sichhinstrecken der Weihekandidaten, hat etwas Beeindruckendes an sich: sie ist Symbol ihrer totalen Unterwerfung vor der Majestät Gottes und ihrer vollständigen Verfügbarkeit gegenüber dem Wirken des Heiligen Geistes, der als Urheber der Weihe auf sie herabkommt. *Veni, Creator Spiritus, mentes tuorum visita, imple superna gratia quae Tu creasti pectora.* Wie er in der heiligen Messe Urheber der Wandlung von Brot und Wein in den Leib und das Blut Christi ist, so ist er im Sakrament des Ordo der Urheber der Priester- oder Bischofsweihe. Der Bischof, der das Sakrament des Ordo spendet, ist der menschliche Spender des göttlichen Geheimnisses. Die Handauflegung ist die Weiterführung der Handlung, die schon in der Urkirche vollzogen wurde, um auf die Gabe des Heiligen Geistes angesichts einer bestimmten Sendung hinzuweisen (vgl. Apg 6,6; 8,17; 13,3). Paulus wendet sie gegenüber seinem Schüler Timotheus an (vgl. 2 Tim 1,6; 1 Tim 4,14), und die Handlung bleibt in der Kirche erhalten (vgl. 1 Tim 5,22) als wirksames Zeichen für das tätige Gegenwärtigsein des Heiligen Geistes im Sakrament des Ordo.

DER BODEN

Wer sich auf den Empfang der Priesterweihe vorbereitet, streckt sich der ganzen Länge nach hin und legt die Stirn auf den Kirchenboden: Mit dieser Geste bekundet er seine *vollständige Verfügbarkeit zur Annahme des Amtes*, das ihm anvertraut wird. Dieser Ritus hat meine priesterliche Existenz tiefgreifend geprägt. Als ich einige Jahre später – es war zu Beginn des II. Vatikanischen Konzils – in der Peterskirche an jenen Augenblick der Priesterweihe dachte, schrieb ich ein Gedicht, von dem ich hier einen Ausschnitt wiedergeben möchte:

> „Du bist Petrus. Du willst hier der Boden sein, über den die anderen schreiten, um dorthin zu gelangen, wohin du ihre Schritte lenkst ...
> Du willst derjenige sein, der den Schritten Halt gibt – wie der Fels dem Dahintrotten einer Herde Halt gibt:
> Ein Fels ist auch der Boden eines riesigen Kirchenraumes.
> Und der Weideplatz ist das Kreuz ...“

> *Kirche: Die Hirten und die Quellen.*
> *Basilika von Sankt Peter, Herbst 1962:*
> *11.X.–8.XII., Der Boden*

Als ich diese Worte niederschrieb, dachte ich sowohl an Petrus wie an die ganze Wirklichkeit des Amtspriestertums und versuchte, die tiefe Bedeutung dieser liturgischen Prostratio herauszustellen. In diesem Sichhinstrecken am Boden in Form des Kreuzes vor der Priesterweihe, womit der Weihekandidat in seinem Leben – wie Petrus – das Kreuz Christi annimmt und sich mit dem Apostel zum „Boden" für die Brüder macht, liegt der tiefste Sinn jeder priesterlichen Spiritualität.

DIE PRIMIZ

Nachdem ich am Fest Allerheiligen zum Priester geweiht worden war, feierte ich am Allerseelentag, dem 2. November 1946, meine Primiz. An diesem Tag kann jeder Priester für die Gläubigen drei heilige Messen zelebrieren. Meine erste heilige Messe war also eine dreimalige: eine Erfahrung von einzigartiger Intensität! Ich feierte die drei heiligen Messen in der Sankt-Leonhards-Krypta, die in der Kathedrale auf dem Krakauer Wawel den vorderen Teil des sogenannten Herman'schen Bischofsstuhls bildet. Heute gehört die Krypta zum unterirdischen Bereich, in dem die Gräber der Könige liegen. Mit der Wahl dieses Ortes für meine ersten Messen wollte ich eine besondere geistliche Verbundenheit mit denen zum Ausdruck bringen, die in der Kathedrale, die aufgrund ihrer eigenen Geschichte ein unvergleichliches Denkmal darstellt, ihre letzte Ruhestätte gefunden haben. Sie ist, mehr als jede andere Kirche Polens, geradezu durchtränkt von historischen und theologischen Inhalten. In ihr ruhen die polnischen Könige, angefangen von Wladyslaw Lokietek; in der Kathedrale auf dem Wawel wurden die Könige gekrönt, und in ihr wurden sie dann auch begraben. Der Besucher dieses Domes wird gleichsam mit der Geschichte der Nation konfrontiert.

Genau das war, wie gesagt, für mich der Grund, meine ersten Messen in der *Sankt-Leonhards-Krypta* zu feiern: Ich wollte dadurch meine besondere geistige Bindung an die Geschichte Polens unterstreichen, die auf dem Wawel gleichsam in einer sinnbildhaften Synthese präsent war. Aber nicht nur das. Es gab für diese Ortswahl auch eine besondere *theologische Bedeutung*. Wie schon gesagt, war ich am Tag zuvor geweiht worden, am Fest Allerheiligen, wo die Kirche in ihrer Liturgie der Wahrheit von der Gemeinschaft der Heiligen – *communio sanctorum* – Ausdruck verleiht. Die Heiligen sind diejenigen, die das Ostergeheimnis Christi im

Glauben angenommen haben und nun auf die engültige Auferstehung warten.

Auch die Personen, deren sterbliche Überreste in den Sarkophagen der Kathedrale auf dem Wawel ruhen, warten dort auf die Auferstehung. Die ganze Kathedrale scheint die Worte des Apostolischen Glaubensbekenntnisses zu wiederholen: „Ich glaube an die Auferstehung des Fleisches und das ewige Leben." Diese Glaubenswahrheit erleuchtet auch die Geschichte der Nationen. Jene Personen sind gleichsam „die großen Geister", die die Nation durch die Jahrhunderte führen. Hier ruhen nicht nur Könige mit den Gemahlinnen sowie Bischöfe und Kardinäle; hier ruhen auch Dichter, große Meister des Wortes, die für meine christliche und patriotische Bildung enorme Bedeutung hatten.

Nur wenige nahmen an jenen ersten Messen teil, die ich auf dem Wawel feierte: unter anderem erinnere ich mich, daß meine Taufpatin Maria Wiadrowska, die ältere Schwester meiner Mutter, anwesend war. Mieczyslaw Malinski ministrierte; er repräsentierte in gewisser Weise das Umfeld und die Person des damals schon schwerkranken Jan Tyranowski.

Später besuchte ich als Priester und Bischof stets mit tiefer Ergriffenheit die Sankt-Leonhards-Krypta. Wie sehr hätte ich mir gewünscht, anläßlich des fünfzigsten Jahrestages meiner Priesterweihe dort die heilige Messe zu feiern!

Krakau, Kathedrale auf dem Wawel,
Altar der seligen Hedwig, Königin von Polen.

Es folgten dann weitere Primiz-Messen: in der dem hl. Stanislaus Kostka geweihten Pfarrkirche in Debniki und, am Sonntag darauf, in der Pfarrkirche Mariä Opferung in Wadowice. Ich feierte in der Kathedrale auf dem Wawel auch eine Messe zum Gedächtnis des hl. Stanislaus für die Freunde des rhapsodischen Theaters und für die Untergrundorganisation „Unia", der ich während der Besatzung verbunden war.

V

ROM

Der November verging schnell: nun war es Zeit für *die Abreise nach Rom*. Als ich am festgesetzten Tag den Zug bestieg, war ich sehr aufgeregt. Mit mir zusammen trat Stanislaw Starowieyski die Reise an, ein jüngerer Kollege, der das ganze Theologiestudium in Rom absolvieren sollte. Zum ersten Mal begab ich mich außerhalb der Grenzen meiner Heimat. Durch das Fenster des fahrenden Zuges sah ich Städte, die ich nur aus den Geographiebüchern kannte. Ich sah zum ersten Mal Prag, Nürnberg, Straßburg, Paris, wo wir für einen kurzen Aufenthalt Gäste des Polnischen Seminars in der Rue des Irlandais waren. Wir reisten sehr bald wieder ab, weil die Zeit drängte, und trafen in den letzten Novembertagen in Rom ein. Hier nahmen wir anfangs die Gastfreundschaft der Pallottiner-Patres in Anspruch. Ich erinnere mich, daß ich am ersten Sonntag nach unserer Ankunft mit Stanislaw Starowieyski in die Petersbasilika ging, um der feierlichen Verehrung eines neuen Seligen durch den Papst beizuwohnen. Ich sah von weitem die Gestalt Pius' XII., der auf der *Sedia gestatoria* hereingetragen wurde. Die Teilnahme des

Papstes an der Seligsprechung beschränkte sich damals auf das Gebet zu dem neuen Seligen, während der eigentliche Ritus am Morgen unter dem Vorsitz eines der Kardinäle stattfand. Geändert wurde diese Tradition mit Maximilian Maria Kolbe, als im Oktober 1971 Paul VI. während einer in Konzelebration mit Kardinal Wyszynski und den polnischen Bischöfen gefeierten heiligen Messe persönlich den Seligsprechungsritus für den polnischen Märtyrer von Auschwitz vornahm; auch ich hatte die Freude, daran teilzunehmen.

„ROM ERLERNEN"

Niemals werde ich die Gefühle und Eindrücke jener ersten „römischen" Tage vergessen, als ich 1946 die Ewige Stadt allmählich kennenlernte. *Ich ließ mich am Angelicum für das „biennium ad lauream" einschreiben.* Dekan der Theologischen Fakultät war P. Ciappi OP, später Theologe des Päpstlichen Hauses und Kardinal.

Pater Karol Kozlowski, Rektor des Priesterseminars in Krakau, hatte mir wiederholt gesagt, für jemanden, der das Glück habe, seine Ausbildung im Zentrum der Christenheit zu erhalten, sei noch wichtiger als das Studium (ein Doktorat in Theologie kann man schließlich auch anderswo erwerben!), daß er „Rom selber erlerne". Ich versuchte, seinen Rat zu befolgen. Ich kam in Rom mit dem lebhaften Wunsch an, die Ewige Stadt zu besichtigen, angefangen bei den Katakomben. Und so geschah es denn auch. Zusammen mit den Freunden vom Belgischen Kolleg, wo ich wohnte, hatte ich Gelegenheit, die Stadt unter der Führung sachkundiger Kenner ihrer Denkmäler und ihrer Geschichte systematisch zu durchstreifen. In den Weihnachts- und Osterferien konnten wir andere italienische Städte aufsuchen. Ich erinnere mich an die ersten Ferien, wo wir uns unter Anleitung des Buches des dänischen Schriftstellers Joergensen aufmachten, die mit dem Leben des hl. Franziskus verbundenen Orte zu entdecken.

Im Mittelpunkt unserer Erfahrung stand allerdings stets Rom. Jeden Tag ging ich vom Belgischen Kolleg in der Via del Quirinale 26 zu den Vorlesungen ins *Angelicum;* unterwegs machte ich in der Jesuitenkirche S. Andrea al Quirinale halt, wo sich die Reliquien des hl. Stanislaus Kostka befinden, der im angeschlossenen Noviziat wohnte, wo er auch starb. Ich erinnere mich, daß zu denen, die sein Grab besuchten, viele Seminaristen des *Germanicums* gehörten, die an ihren charakteristischen roten Talaren leicht zu erkennen waren. Im Herzen der Christenheit und im Licht der Heiligen begegneten sich auch die Nationalitäten, was – nach der Tragödie des Krieges, die uns so sehr gezeichnet hatte – der symbolischen Vorwegnahme einer nicht mehr gespaltenen Welt gleichkam.

PASTORALE PERSPEKTIVEN

Mein Priestertum und meine theologische und pastorale Ausbildung *fügten sich von Anfang an in die römische Erfahrung ein.* Die beiden 1948 mit dem Doktorat abgeschlossenen Studienjahre waren Jahre eines intensiven „Lernprozesses, der Rom galt". Das Belgische Kolleg trug dazu bei, mein Priestertum Tag für Tag in dem Erlebnis des Zentrums der Christenheit zu verwurzeln. Denn es erlaubte mir, mit bestimmten neueren Formen des Apostolats in Kontakt zu kommen, die in jener Zeit in der Kirche im Entstehen waren. Ich denke vor allem an die Begegnung mit Pater Jozef Cardijn, dem Gründer der Christlichen Arbeiter-Jugend (CAJ) und späteren Kardinal, der von Zeit zu Zeit ins Kolleg kam, um mit uns Priesterstudenten zusammenzutreffen und über die besondere menschliche Erfahrung der körperlichen Arbeit zu sprechen. Auf diese war ich durch die Arbeit im Steinbruch und in der Kläranlage der Fabrik Solvay in einem gewissen Grad vorbereitet. In Rom hatte ich jedoch die Möglichkeit, gründlicher zu begreifen, wie sehr das Priestertum mit der Seelsorge und dem Apostolat der Laien verbunden ist. Zwischen dem priesterlichen Dienst und dem Laienapostolat besteht ein enger Zusammenhang, ja eine gegenseitige Zuordnung. Beim Nachdenken über diese pastorale Problematik wurde mir der eigentliche Sinn und Wert des Amtspriestertums immer klarer bewußt.

DER EUROPÄISCHE HORIZONT

Die Erfahrung, die ich im Belgischen Kolleg gemacht hatte, erweiterte sich in der Folge dank einem direkten Kontakt nicht nur mit der belgischen, sondern auch mit der französischen und mit der holländischen Nation. Mit Einverständnis von Kardinal Sapieha konnten P. Stanislaw Starowieyski und ich während der Sommerferien 1947 diese Länder besuchen. So erweiterte ich meinen europäischen Horizont. In Paris, wo ich im Polnischen Seminar wohnte, konnte ich aus nächster Nähe das Phänomen der Arbeiterpriester, die Problematik, mit der sich die Patres Henri Godin und Yvan Daniel im Buch „*La France, pays de mission?*" auseinandersetzten, und die Pastoral der Missionen am Stadt-

Krakau, Kirche der Albertusschwestern:
Gemälde des „Ecce homo", gemalt vom heiligen Bruder Albert.

rand von Paris, vor allem in der von P. Michonneau geleiteten Pfarrei, kennenlernen. Diese Erfahrungen im ersten und zweiten Jahr als Priester waren für mich von außerordentlichem Interesse.

In Holland konnte ich dank der Hilfe meiner Kollegen, vor allem der Eltern des verstorbenen Pater Alfred Delmé, zusammen mit Stanislaw Starowieyski ungefähr zehn Tage verbringen. Ich war beeindruckt von der gefestigten Organisation der Kirche und der Seelsorge in jenem Land mit ihren aktiven Organisationen und lebendigen Kirchengemeinden.

So enthüllte sich mir aus verschiedenen und sich ergänzenden Blickwinkeln immer besser *das westliche Europa*, das Nachkriegs-Europa, das Europa der großartigen gotischen Kathedralen und gleichzeitig das vom Säkularisierungsprozeß bedrohte Europa. Ich erkannte, was für eine Herausforderung dies für die Kirche darstellte, die aufgerufen war, der drohenden Gefahr durch neue, für eine größere Präsenz der Laien aufgeschlossene Formen der Pastoral entgegenzutreten.

Unter den Emigranten

Den größten Teil der Sommerferien verbrachte ich damals jedoch in Belgien. Im September war ich unter der Führung *der polnischen katholischen Mission* bei den Bergleuten in der Nähe von Charleroi. Es war eine sehr fruchtbare Erfahrung. Zum ersten Mal besuchte ich ein Kohlenbergwerk und konnte aus nächster Nähe die schwere Arbeit der Bergleute kennenlernen. Ich besuchte die Familien der polnischen Emigranten, sprach mit ihnen, traf mit der Jugend und den Kindern zusammen und wurde, wie einst in Solvay, stets mit wohlwollender Herzlichkeit aufgenommen.

DIE GESTALT DES
HL. JOHANNES MARIA VIANNEY

Auf der Rückfahrt von Belgien nach Rom hatte ich das Glück, *in Ars haltzumachen.* Es war Ende Oktober 1947, Christkönigssonntag. Tiefbewegt besuchte ich das alte Kirchlein, wo einst der hl. Johannes M. Vianney die Beichte abnahm, Katechismusunterricht erteilte und seine Predigten hielt. Es war für mich ein unvergeßliches Erlebnis. Schon als Seminarist war ich von der Gestalt des Pfarrers von Ars beeindruckt gewesen, vor allem nachdem ich die von Msgr. Trochu verfaßte Biographie gelesen hatte. Der hl. Johannes M. Vianney versetzt uns vor allem dadurch in Erstaunen, daß an ihm die Macht der Gnade offenbar wird, die in der Armseligkeit menschlicher Mittel am Werk ist. Mich hat besonders sein *opfervoller Dienst im Beichtstuhl* tief beeindruckt. Dem demütigen Priester, der täglich zehn und mehr Stunden im Beichtstuhl saß, wenig Nahrung zu sich nahm und sich nur wenige Stunden Ruhe gönnte, war es in einer schwierigen Epoche der Geschichte gelungen, in Frankreich, und nicht nur in Frankreich, so etwas wie eine geistliche Revolution auszulösen. Tausende Menschen begaben sich nach Ars und knieten vor seinem Beichtstuhl. Auf dem Hintergrund der Säkularisierung und des Antiklerikalismus des 19. Jahrhunderts stellte sein Zeugnis ein wahrhaft revolutionäres Ereignis dar.

Aus der Begegnung mit seiner Gestalt gewann ich *die Überzeugung, daß der Priester einen wesentlichen Teil seines Sendungsauftrages durch den Beichtstuhl erfüllt* – dadurch, daß er sich freiwillig „zum Gefangenen des Beichtstuhls macht". Immer wieder kehrte ich, wenn ich in Niegowic, meiner ersten Pfarrei, und dann in Krakau die Beichte abnahm, in Gedanken zu jener unvergeßlichen Erfahrung zurück. Ich versuchte stets, die Verbindung zum Beichtstuhl aufrechtzuerhalten, sowohl während meiner wissenschaftlichen Tätigkeit in Krakau, wo ich vor allem in der Basilika Mariä Himmelfahrt Beichte hörte, als auch jetzt in Rom, wo ich, wenn auch gleichsam nur symbolisch, jedes Jahr am Karfreitag in der Petersbasilika wieder in den Beichtstuhl zurückkehre.

EIN AUFRICHTIGES „DANKE"

Ich kann diese Betrachtungen nicht schließen, ohne allen *Mitgliedern des Belgischen Kollegs in Rom,* den Oberen und den Gefährten von damals, von denen viele schon gestorben sind, meinen herzlichen Dank auszusprechen; insbesondere dem Rektor, P. Maximilien De Fuerstenberg, der später Kardinal geworden ist. Sollte ich mich etwa nicht daran erinnern, daß Kardinal De Fuerstenberg während des Konklaves im Jahr 1978 in einem bestimmten Augenblick die bedeutungsschweren Worte zu mir sprach: *Dominus adest et vocat te?* Es war gleichsam die Andeutung einer geheimnisvollen Vollendung der Bildungsarbeit, die er als Rektor des Belgischen Kollegs für mein Priestertum geleistet hatte.

Krakau, Erzbischöfliche Residenz,
Altar der Kapelle.

Anfang Juli 1948 verteidigte ich meine Doktorthese am *Angelicum* und trat kurz darauf die Rückreise nach Polen an. Ich habe vorher darauf hingewiesen, daß ich in jenen zwei Jahren meines Aufenthalts in der Ewigen Stadt auf intensive Weise Rom „erlernt", d. h. kennen- und verstehen gelernt hatte: das Rom der Katakomben, das Rom der Märtyrer, das Rom des Petrus und Paulus, das Rom der Bekenner. In Gedanken kehre ich oft tiefbewegt in jene Jahre zurück. Beim Abschied nahm ich *im Gepäck nicht nur eine erweiterte theologische Kultur mit, sondern auch die Stärkung meines Priestertums und die Vertiefung meines Kirchenbildes.* Jene intensive Studienzeit in der Nähe der Apostelgräber hatte mir in jeder Hinsicht viel gegeben.

Gewiß könnte ich noch viele andere Einzelheiten über diese entscheidende Erfahrung anführen. Ich ziehe es vor, alles in der Aussage zusammenzufassen, daß mein junges Priestertum durch Rom *um eine europäische und universale Dimension bereichert worden war.* Ich kehrte von Rom nach Krakau zurück mit jenem Sinn für den *universalen Charakter der priesterlichen Sendung*, wie er dann lehramtlich vom II. Vatikanischen Konzil, vor allem in der dogmatischen Konstitution über die Kirche „*Lumen gentium*", formuliert worden ist. Nicht nur der Bischof, sondern auch jeder Priester muß in sich die Sorge um die Gesamtkirche tragen und sich in gewisser Weise für sie verantwortlich wissen.

VI

Niegowic: eine Landpfarrei

Nach meinem Eintreffen in Krakau fand ich in der
Kurie des Metropoliten den ersten „Arbeitsauftrag",
die sogenannte „*aplikata*", vor. Der Erzbischof weilte
damals gerade in Rom, hatte mir aber schriftlich seinen
Wunsch und Willen hinterlassen. Ich nahm die Bestim-
mung freudig an. Ich informierte mich sogleich, wie ich
Niegowic erreichen könnte, und bemühte mich, am
festgesetzten Tag dort zu sein. Ich fuhr mit dem Auto-
bus von Krakau nach Gdów; von dort nahm mich ein
Bauer mit seinem Karren hinaus aufs Land, zum Dorf
Marszowice; dann gab er mir den Rat, zu Fuß einen
Abkürzungsweg durch die Felder einzuschlagen. Schon
von Ferne sah ich die Kirche von Niegowic. Es war
Erntezeit. Ich wanderte zwischen Getreidefeldern, auf
denen die Ähren zum Teil schon geschnitten waren,
zum Teil aber noch im Winde wogten. Als ich end-
lich das Pfarrgebiet von Niegowic erreichte, kniete ich
nieder und küßte die Erde. Diese Geste hatte ich vom
hl. Johannes M. Vianney gelernt. In der Kirche ver-
weilte ich vor dem Allerheiligsten und stellte mich dann
beim Pfarrer, Msgr. Kazimierz Buzala, Dekan von Nie-

polomice und Pfarrer von Niegowic, vor, der mich sehr herzlich empfing und mir nach einem kurzen Gespräch die Kaplanswohnung zeigte.

So begann ich die pastorale Arbeit in meiner *ersten Pfarrei*. Sie dauerte ein Jahr und bestand in den typischen Aufgaben eines Kaplans und Religionslehrers. Mir wurden fünf Elementarschulen auf dem Land anvertraut, die zur Pfarrei Niegowic gehörten. Ich wurde mit einem Karren oder mit der Kalesche dorthin gebracht. Ich erinnere mich an die Herzlichkeit der Lehrer und der Pfarrkinder. Die Klassen waren untereinander sehr verschieden: manche gut erzogen und ruhig, andere sehr lebhaft. Noch heute denke ich manchmal an die gesammelte Stille, die in den Klassen herrschte, wenn ich in der Fastenzeit über das Leiden und Sterben des Herrn sprach.

Zu jener Zeit bereitete sich die Pfarrei Niegowic auf das Goldene Priesterjubiläum des Pfarrers vor. Da sich die alte Kirche inzwischen als den pastoralen Bedürfnissen nicht mehr entsprechend erwies, entschieden die Gläubigen, das schönste Geschenk für den Jubilar würde der Bau einer neuen Kirche sein. Ich wurde aber sehr bald von jener schönen Gemeinde abberufen.

IN SANKT FLORIAN IN KRAKAU

Ich wurde nämlich nach einem Jahr in die Pfarrei Sankt Florian in Krakau versetzt. Der dortige Pfarrer, Tadeusz Kurowski, übertrug mir die Katechese in den höheren Klassen des Gymnasiums und die Seelsorge unter den Universitätsstudenten. Die Hochschulseelsorge

Krakau, Kathedrale auf dem Wawel,
Krypta des heiligen Leonhard.

in Krakau hatte damals ihr Zentrum an der Sankt-Anna-Kirche, aber mit der Errichtung neuer Fakultäten erkannte man die Notwendigkeit, ein neues Zentrum bei der Pfarrei Sankt Florian zu schaffen. Dort begann ich mit den Vorträgen für die Hochschuljugend, die ich jeweils am Donnerstag hielt; sie behandelten fundamentale Probleme, wie die Existenz Gottes und die Geistigkeit der menschlichen Seele: im Umfeld des für das kommunistische Regime typischen militanten Atheismus besonders brennende Themen.

DIE WISSENSCHAFTLICHE ARBEIT

Nachdem ich zwei Jahre in der Pfarrei Sankt Florian gearbeitet hatte, ermutigte mich Erzbischof Eugeniusz Baziak, der Nachfolger von Kardinal Sapieha in der Leitung der Erzdiözese Krakau, während der Ferien 1951 zur wissenschaftlichen Arbeit. Ich sollte mich auf die Habilitation als Privatdozent für Ethik und Moraltheologie vorbereiten. Das brachte eine Einschränkung der mir so teuren pastoralen Arbeit mit sich. Es hat mich einiges gekostet, aber seit damals war ich stets darum besorgt, daß die Hingabe an das wissenschaftliche Studium der Theologie und Philosophie mich nicht verleite zu „vergessen", daß ich Priester bin; vielmehr sollte sie mir helfen, es immer mehr zu werden.

VII

KIRCHE IN POLEN, ICH DANKE DIR!

Ich kann nicht umhin, in diesem Jubiläumszeugnis *meine Dankbarkeit gegenüber der ganzen polnischen Kirche* zum Ausdruck zu bringen, in der mein Priestertum entstanden und gereift ist. Sie ist eine Kirche mit einem tausendjährigen christlichen Glaubenserbe; eine Kirche, die im Laufe der Jahrhunderte unzählige Heilige und Selige hervorgebracht hat und die dem Schutz zweier heiliger Bischöfe und Märtyrer – Adalbert und Stanislaus – anvertraut ist. Eine Kirche, die dem Volk und seiner Kultur zutiefst verbunden ist; eine Kirche, die das Volk stets, besonders in den tragischen Momenten seiner Geschichte, gestützt und verteidigt hat. Und sie ist eine Kirche, die in diesem Jahrhundert hart geprüft worden ist: sie mußte einen dramatischen Kampf um ihr Überleben gegen *zwei totalitäre Systeme* bestehen: gegen das von der *nazistischen Ideologie* inspirierte Regime während des Zweiten Weltkrieges; dann, in den langen Jahrzehnten nach dem Krieg, gegen die *kommunistische Diktatur* und ihren militanten Atheismus. Aus beiden Prüfungen ist sie siegreich hervorgegangen – dank dem Opfer von Bischöfen, Priestern und Scharen von Gläubigen; dank der polnischen Familie, die „stark ist in Gott". Unter den Bischöfen der Kriegszeit muß ich die unerschütterliche Gestalt des Fürsterzbischofs und Metropoliten von Krakau, Adam Stefan Sapieha, erwähnen und unter denen der Nachkriegszeit die Gestalt des Dieners Gottes Kardinal Stefan Wyszynski. Sie ist *eine Kirche, die den Menschen,* seine Würde und seine Grundrechte *verteidigt hat, eine Kirche, die mutig* für das Recht der Gläubigen auf Bekenntnis ihres Glaubens *gekämpft hat.* Eine trotz der Schwierigkeiten und Hindernisse, die sich ihr in den Weg stellten, außerordentlich dynamische Kirche.

In diesem intensiven geistlich geprägten Klima hat sich meine Sendung zum Priester und Bischof entwikkelt. Die beiden totalitären Systeme, die unser Jahrhundert in so tragischer Weise gekennzeichnet haben, konnte ich sozusagen von innen her kennenlernen: einerseits den Nazismus mit den Schrecken des Krieges und der Konzentrationslager; andererseits den Kommunismus mit seinem Regime von Unterdrückung und Terror. Daher läßt sich meine Sensibilität für die Würde jeder menschlichen Person und für die Achtung ihrer Rechte, angefangen beim *Recht auf Leben,* leicht erklären. Es ist eine Sensibilität, die sich bereits in den ersten Priesterjahren herausgebildet und mit der Zeit verstärkt hat. Auch meine Sorge um die Familie und um die Jugend ist leicht zu verstehen: das alles ist in mir eben durch jene dramatischen Erfahrungen organisch gewachsen.

Niegowic, Pfarrkirche Mariä Himmelfahrt.

Am fünfzigsten Jahrestag meiner Priesterweihe denke ich ganz besonders an das *Presbyterium der Kirche von Krakau,* dessen Mitglied ich als Priester und dessen Oberhaupt ich dann als Erzbischof gewesen bin. Vor meinen Augen sehe ich viele Gestalten herausragender Pfarrer und Kapläne. Sie alle der Reihe nach aufzuzählen würde zu weit führen. Mit vielen von ihnen verbanden und verbinden mich noch aufrichtige Freundschaftsbande. Die Beispiele ihrer Heiligkeit und ihres pastoralen Eifers waren für mich sehr erbauend. Zweifellos haben sie tiefen Einfluß auf mein Priestertum ausgeübt. Von ihnen habe ich gelernt, was Hirtesein konkret heißt.

Ich bin zutiefst überzeugt von der *entscheidenden Rolle, die das diözesane Presbyterium im persönlichen Leben jedes Priesters spielt.* Die in einer echten *sakramentalen Brüderlichkeit* verwurzelte Gemeinschaft der Priester stellt ein Umfeld dar, das für die geistliche und pastorale Formung von erstrangiger Bedeutung ist. Normalerweise kann der Priester darauf nicht verzichten. Es hilft ihm, in der Heiligkeit zu wachsen, und bietet eine sichere Stütze bei Schwierigkeiten. Wieso sollte ich anläßlich des Goldenen Priesterjubiläums nicht allen Priestern der Erzdiözese Krakau meine Dankbarkeit für ihren Beitrag zu meinem Priestertum aussprechen?

DAS GESCHENK DER LAIEN

Ich denke in diesen Tagen auch an alle Laien, mit denen mich der Herr bei meiner Sendung als Priester und Bischof zusammenführte. Sie waren für mich ein *einzigartiges Geschenk*, für das ich der Vorsehung unablässig danke. Ihre Zahl ist so groß, daß ihre namentliche Aufzählung nicht möglich ist, doch trage ich sie alle im Herzen, denn jeder von ihnen hat seinen Beitrag zur Verwirklichung meines Priestertums geleistet. Sie haben mir sozusagen den Weg gewiesen und mir geholfen, mein Dienstamt besser zu verstehen und es in seiner Fülle zu leben. Jawohl, von den häufigen Kontakten mit den Laien hatte ich immer großen Gewinn und viel gelernt. Es gab unter ihnen einfache Arbeiter ebenso wie Menschen aus Kunst und Kultur und große Wissenschaftler. Aus solchen Begegnungen sind herzliche Freundschaften entstanden, von denen viele noch heute andauern. Ihnen ist es zu verdanken, daß sich meine seelsorgliche Tätigkeit gleichsam vervielfältigt hat, indem sie Schranken überwand und in Kreise vordrang, die sonst nur schwer erreichbar sind.

Das tiefe Bewußtsein von der dringenden Notwendigkeit *des Laienapostolats* in der Kirche hat mich tatsächlich immer begleitet. Als das II. Vatikanische Konzil von der Berufung und Sendung der Laien in Kirche und Welt sprach, empfand ich große Freude: was das Konzil lehrte, entsprach den Überzeugungen, die meine Tätigkeit seit den ersten Jahren meines priesterlichen Dienstes geleitet hatten.

VIII

Ich kann nicht umhin, in diesem Zeugnis über die Erinnerung an die Ereignisse und Personen hinauszugehen, um tiefer zu blicken, um gleichsam das Geheimnis zu ergründen, das mich seit fünfzig Jahren begleitet und umhüllt.

Was heißt eigentlich Priester sein? Nach dem heiligen Paulus heißt es vor allem *Verwalter von Geheimnissen Gottes sein:* „Als Diener Christi soll man uns betrachten und als Verwalter von Geheimnissen Gottes. Von Verwaltern aber verlangt man, daß sie sich treu erweisen" (1 Kor 4,1–2). Der Begriff „Verwalter" kann durch keinen anderen ersetzt werden. Er ist tief im Evangelium verwurzelt: man denke an das Gleichnis vom treuen und vom treulosen Verwalter (vgl. Lk 12,41–48). Der Verwalter ist nicht der Eigentümer, sondern derjenige, dem der Eigentümer seine Güter anvertraut, damit er sie gerecht und verantwortungsvoll verwalte. Genauso empfängt der Priester von Christus die Heilsgüter, um sie in gebührender Weise unter den Menschen zu verteilen, zu denen er gesandt wird. Es handelt sich um die Güter des Glaubens. Der Priester ist daher der Mann des Wortes Gottes, der Mann des Sakramentes, der Mann vom „Geheimnis des Glaubens". Durch den Glauben hat er Zugang zu den unsichtbaren Gütern, die das Erbe der vom Sohn Gottes vollbrachten Erlösung der Welt darstellen. Niemand kann sich für den „Eigentümer" dieser Güter halten. Wir alle sind Empfänger dieser Güter. Der Priester jedoch hat aufgrund dessen, was Christus beim Letzten Abendmahl festgelegt hat, die Aufgabe, sie zu verwalten.

ADMIRABILE COMMERCIUM!

Der Priesterberuf ist ein Geheimnis. *Er ist das Geheimnis eines „wunderbaren Tausches" – admirabile commercium – zwischen Gott und dem Menschen.* Dieser schenkt Christus sein Menschsein, damit er sich seiner als Heilswerkzeug bediene und diesen Menschen gleichsam zu einer Person seiner selbst mache. Wenn man das Geheimnis dieses „Tausches" nicht begreift, vermag man nicht zu verstehen, wie es geschehen kann, daß ein junger Mann, wenn er das Wort „Folge mir!" vernimmt, um Christi willen alles aufgibt in der Gewißheit, daß seine menschliche Persönlichkeit sich auf diesem Weg voll verwirklichen wird.

Gibt es in der Welt eine größere Verwirklichung unseres Menschseins, als jeden Tag *in persona Christi* das Erlösungsopfer wieder zu vollziehen, dasselbe Opfer, das Christus am Kreuz vollbracht hat? In diesem Opfer ist einerseits das trinitarische Geheimnis auf vollkommenste Weise gegenwärtig, andererseits ist in ihm die ganze Schöpfung gleichsam „vereint" (vgl. Eph 1,10). Die Eucharistie wird vollzogen, um auch „auf dem Altar der ganzen Erde die Arbeit und das Leid der

Krakau, Kathedrale auf dem Wawel,
Confessio des heiligen Stanislaus, Bischof und Märtyrer.

Welt" darzubringen, wie es in einem schönen Wort von Teilhard de Chardin heißt. Deshalb wird in der Danksagung nach der heiligen Messe auch der Gesang der drei Jünglinge aus dem Alten Testament gesprochen: *Benedicite omnia opera Domini Domino* ... In der Tat preisen in der Eucharistie alle sichtbaren und unsichtbaren Geschöpfe und im besonderen der Mensch Gott als Schöpfer und Vater, sie preisen ihn mit den Worten und dem Werk Christi, des Sohnes Gottes.

PRIESTER UND EUCHARISTIE

„Ich preise dich, Vater, Herr des Himmels und der Erde, weil du all das den Weisen und Klugen verborgen, den Unmündigen aber offenbart hast. (...) Niemand weiß, wer der Sohn ist, nur der Vater, und niemand weiß, wer der Vater ist, nur der Sohn und der, dem es der Sohn offenbaren will" (Lk 10,21–22). Diese Worte aus dem Lukasevangelium, die uns in das Innerste des Christus-Geheimnisses führen, gewähren uns auch Zutritt zum Geheimnis der Eucharistie. In ihr bringt der mit dem Vater wesensgleiche Sohn, den nur der Vater kennt, sich selbst als Opfer dar für die ganze Menschheit und für die gesamte Schöpfung. In der Eucharistie erstattet Christus dem Vater alles das zurück, was von ihm kommt. So verwirklicht sich ein tiefes *Geheimnis von Gerechtigkeit des Geschöpfes gegenüber dem Schöpfer.* Der Mensch muß den Schöpfer dadurch ehren, daß er ihm in einem Akt der Danksagung und des Lobpreises all das darbringt, was er von ihm empfangen hat. *Der Mensch darf nicht das Gespür für diese Schuldigkeit verlieren*, die unter allen anderen irdischen Gegebenheiten allein er als Abbild und Gleichnis Gottes zu erkennen und zu begleichen vermag. Gleichzeitig aber wäre der Mensch wegen seiner geschöpflichen Grenzen und der Sünde, die ihn zeichnet, nicht imstande, diesen Gerechtigkeitsakt gegenüber dem Schöpfer zu vollziehen, würde nicht Christus selbst, der mit dem Vater wesensgleiche Sohn und wahre Mensch, die Initiative dazu in der Eucharistie ergreifen.

Das Priestertum ist von seinem Ursprung her das *Priestertum Christi*. Er ist es, der Gott, dem Vater, das Opfer seiner selbst, seines Fleisches und Blutes darbringt und durch sein Opfer in den Augen des Vaters die ganze Menschheit und indirekt die gesamte Schöpfung rechtfertigt. Der Priester, der täglich die Eucharistie feiert, dringt in das Herz dieses Geheimnisses ein. Deshalb muß die Feier der Eucharistie für ihn der wichtigste und heiligste Augenblick des Tages, der Mittelpunkt seines Lebens sein.

IN PERSONA CHRISTI

Die Worte, die wir am Schluß der Präfation wiederholen – „Hochgelobt sei, der da kommt im Namen des Herrn ...“ –, versetzen uns in die dramatischen Ereignisse des Palmsonntags. Christus geht nach Jerusalem, um das blutige Opfer vom Karfreitag auf sich zu nehmen. Aber am Tag vorher setzt er während des Letzten Abendmahles dessen unblutiges Sakrament ein. Er spricht über Brot und Wein die Worte der Wandlung: „Das ist mein Leib, der für euch hingegeben wird. (...) Das ist der Kelch des neuen und ewigen Bundes, mein Blut, das für euch und für alle vergossen wird zur Vergebung der Sünden. Tut dies zu meinem Gedächtnis.“

Was für ein „Gedächtnis"? Wir wissen, daß wir diesem Begriff eine gewichtige Bedeutung geben müssen, die weit über die bloße historische Erinnerung hinausreicht. Wir haben es hier mit dem biblischen „memoriale" zu tun, welches das Ereignis selbst *gegenwärtig macht*. Es ist *Gedächtnis-Gegenwart!* Das Geheimnis dieses Wunders ist das Wirken des Heiligen Geistes, den der Priester herabruft, während er die Hände über die Gaben von Brot und Wein hält: „*Sende deinen Geist* auf diese Gaben *herab* und heilige sie, damit sie uns werden Leib und Blut deines Sohnes, unseres Herrn Jesus Christus.*" Es ist also nicht nur der Priester, der an die Geschehnisse des Leidens, des Todes und der Auferstehung Christi erinnert; es ist der Heilige Geist, der bewirkt, daß sie sich durch den Dienst des Priesters auf dem Altar erneuern und erfüllen. Dieser handelt wahrhaftig *in persona Christi*. Was Christus auf dem Altar des Kreuzes vollbracht und vorher noch im Abendmahlsaal als Sakrament eingesetzt hat, erneuert der Priester in der Kraft des Heiligen Geistes. Er wird in diesem Augenblick gleichsam eingehüllt von der Kraft des Heiligen Geistes, und die Worte, die er dabei spricht, gewinnen dieselbe Wirksamkeit wie jene aus dem Munde Christi während des Letzten Abendmahles.

MYSTERIUM FIDEI

Während der heiligen Messe spricht der Priester nach der Wandlung die Worte: *Mysterium fidei, Geheimnis des Glaubens!* Diese Worte beziehen sich offensichtlich auf die Eucharistie. In gewisser Weise betreffen sie jedoch auch das Priestertum. Ohne Priestertum gibt es keine Eucharistie, so wie es kein Priestertum ohne

Eucharistie gibt. Nicht nur das Amtspriestertum ist eng mit der Eucharistie verbunden; auch das gemeinsame Priestertum aller Getauften ist in diesem Geheimnis verwurzelt. Auf die Worte des zelebrierenden Priesters antworten die Gläubigen: „Deinen Tod, o Herr, verkünden wir, und deine Auferstehung preisen wir, bis du kommst in Herrlichkeit." Bei der Teilnahme am eucharistischen Opfer werden die Gläubigen zu Zeugen des gekreuzigten und auferstandenden Christus, indem sie sich bemühen, jene dreifache – priesterliche, prophetische und königliche – Sendung zu leben, mit der sie bereits bei der Taufe betraut worden sind, wie uns das II. Vatikanische Konzil in Erinnerung gerufen hat.

Der Priester als Verwalter der „Geheimnisse Gottes" dient dem gemeinsamen Priestertum der Gläubigen. Durch die Verkündigung des Wortes und die Feier der Sakramente, besonders der Eucharistie, macht er dem ganzen Volk Gottes seine Teilhabe am Priestertum Christi immer stärker bewußt und spornt es gleichzeitig zur vollen Verwirklichung dieser Teilhabe an. Wenn nach der Wandlung das Wort *Mysterium fidei* erklingt, sind alle eingeladen, sich der besonderen existentiellen Fülle dieser Botschaft in bezug auf das Geheimnis Christi, der Eucharistie und des Priestertums bewußt zu werden.

Schöpft nicht vielleicht daraus *der Priesterberuf seine tiefste Motivation?* Eine Motivation, die zwar zum Zeitpunkt der Weihe bereits ganz vorhanden ist, die aber dann im Verlauf des ganzen Lebens verinnerlicht und vertieft werden will. Nur so vermag der Priester den großen Reichtum, der ihm anvertraut worden ist, in seiner Tiefe zu entdecken. Fünfzig Jahre nach der Priesterweihe kann ich sagen: In jenem *Mysterium fidei* entdeckt man jeden Tag mehr den Sinn des eigenen

Priestertums. Da liegt das Ausmaß des Geschenkes, das
der Priesterberuf darstellt, und da liegt auch das Ausmaß der Antwort, die dieses Geschenk verlangt. *Das
Geschenk ist immer größer!* Und das ist schön so. Es ist
schön, daß ein Mensch niemals von sich sagen kann, er
habe dem Geschenk voll entsprochen. Es ist ein Geschenk, und es ist auch eine Aufgabe, und zwar immer!
Dies ist ein grundlegendes Bewußtsein, um seinen
Priesterberuf voll und ganz zu leben.

CHRISTUS, PRIESTER UND OPFER

Die Wahrheit über das Priestertum Christi hat mich
stets besonders durch die Litanei angesprochen, die
man im Krakauer Priesterseminar vor allem am Vor-
abend der Priesterweihe zu beten pflegte. Ich beziehe
mich auf die *Litanei zu Christus, dem Priester und
Opfer.* Welch tiefe Gedanken hat sie in mir geweckt!
Im Kreuzesopfer, das in jeder Eucharistie wieder dargebracht und vergegenwärtigt wird, bringt Christus
sich selbst für die Rettung der Welt dar. Die Anrufun-
gen der Litanei zählen die verschiedenen Aspekte des
Mysteriums auf. Sie kommen mir wieder in den Sinn
mit dem beschwörenden Symbolismus der biblischen
Bilder, von dem sie durchwoben sind. Sie kommen mir
wieder auf die Lippen, in lateinischer Sprache, wie ich
sie während meiner Seminarzeit und dann in den folgenden Jahren so oft gesprochen habe:

> *Iesu, Sacerdos et Victima, ...*
> *Iesu, Sacerdos in aeternum secundum
> ordinem Melchisedech, ...*
> *Iesu, Pontifex ex hominibus assumpte, ...*

Iesu, Pontifex pro hominibus constitute, ...
Iesu, Pontifex futurorum bonorum, ...
Iesu, Pontifex fidelis et misericors, ...
Iesu, Pontifex qui dilexisti nos et lavasti nos
a peccatis in sanguine tuo, ...
Iesu, Pontifex qui tradidisti temetipsum Deo
oblationem et hostiam, ...
Iesu, Hostia sancta et immaculata, ...
Iesu, Hostia in qua habemus fiduciam et
accessum ad Deum, ...
Iesu, Hostia vivens in saecula saeculorum, ...[*]

Welch theologischer Reichtum ist in diesen Worten enthalten! Es ist eine *Litanei, die tief in der Heiligen Schrift wurzelt,* vor allem im Hebräerbrief. Es genügt, den folgenden Abschnitt daraus zu lesen: „Christus (...) als Hoherpriester der künftigen Güter (...) ist ein für allemal in das Heiligtum hineingegangen, nicht mit dem Blut von Böcken und jungen Stieren, sondern mit seinem eigenen Blut, und so hat er eine ewige Erlösung bewirkt. Denn wenn schon das Blut von Böcken und Stieren (...) die Unreinen, die damit besprengt werden, so heiligt, daß sie leiblich rein werden, wieviel mehr wird das Blut Christi, der sich selbst kraft ewigen Geistes Gott als makelloses Opfer dargebracht hat, unser Gewissen von toten Werken reinigen, damit wir dem lebendigen Gott dienen!" (Hebr 9,11–14) *Christus ist Priester, weil er der Erlöser der Welt ist.* In dem Geheimnis der Erlösung ist das Priestertum aller Priester eingeschrieben. Diese Wahrheit über die Erlösung und über den Erlöser hat sich im Innersten meines Bewußtseins tief eingewurzelt, sie hat mich durch all die Jahre

---

[*] Der vollständige Text der Litanei wird im Anhang wiedergegeben.

begleitet, hat alle meine pastoralen Erfahrungen geprägt und mir immer wieder neue Inhalte enthüllt.

In diesen fünfzig Jahren meines Priesterlebens bin ich mir darüber klar geworden, daß die Erlösung, der Preis, der für die Sünde bezahlt werden mußte, auch *eine Wieder- bzw. Neuentdeckung, gleichsam eine „Neuschöpfung" alles Geschaffenen* mit sich bringt: daß der Mensch Person ist und daß er von Gott als Mann und Frau erschaffen ist. Die Wiederentdeckung umfaßt auch sämtliche Werke des Menschen, seine Kultur und Zivilisation, alle seine Errungenschaften und schöpferischen Umsetzungen in ihrer tiefen Wahrheit.

Nach meiner Wahl zum Papst war mein erster geistlicher Impuls, mich an Christus, den Erlöser, zu wenden. Daraus entstand die Enzyklika *Redemptor hominis.* Wenn ich über diese ganze Entwicklung nachdenke, erkenne ich immer besser den engen Zusammenhang zwischen der Botschaft dieser Enzyklika und allem, was sich durch die Teilhabe am Priestertum Christi in die Seele des Menschen einschreibt.

Krakau, Pfarrkirche des heiligen Florian.

IX

PRIESTERSEIN HEUTE

Fünfzig Jahre Priestertum sind nicht wenig. Was ist nicht alles geschehen in diesem halben Jahrhundert Geschichte! Neue Probleme, neue Lebensgewohnheiten, neue Herausforderungen traten ins Rampenlicht. Da fragt man sich spontan: Was bedeutet Priestersein *heute*, auf dieser Weltbühne in Bewegung und Umbruch, während wir auf das dritte Jahrtausend zugehen?

Es besteht kein Zweifel, daß der Priester, zusammen mit der ganzen Kirche, mit seiner Zeit geht und zum aufmerksamen und wohlwollenden, aber zugleich kritischen und wachsamen Hörer all dessen wird, was in der Geschichte zur Reife kommt. Das Konzil hat gezeigt, daß eine echte Erneuerung in voller Treue zum Wort Gottes und zur Überlieferung möglich und nötig ist. Über die gebotene pastorale Erneuerung hinaus bin ich aber davon überzeugt, daß der Priester sich nicht scheuen darf, „außerhalb der Zeit" zu stehen, weil das menschliche „Heute" jedes Priesters eingefügt ist in das „Heute" Christi, des Erlösers. Die größte Aufgabe für jeden Priester und zu jeder Zeit ist es, Tag für Tag dieses sein priesterliches „Heute" in dem „Heute" Christi wiederzufinden, in jenem „Heute", von dem der Hebräerbrief spricht. Dieses „Heute" Christi ist eingetaucht in die ganze Geschichte – in die Vergangenheit und in die Zukunft der Welt, jedes Menschen und jedes Priesters. „Jesus Christus ist derselbe gestern, heute und in Ewigkeit" (Hebr 13,8). Wenn wir also mit unserem menschlichen, priesterlichen „Heute" eingetaucht sind in das „Heute" Jesu Christi, besteht keine Gefahr, daß wir zu „Gestrigen", Rückständigen werden ... Christus ist das Maß aller Zeiten. In seinem göttlich-menschlichen, priesterlichen „Heute" löst sich der – einst so viel diskutierte – Widerspruch zwischen „Traditionalismus" und „Progressismus" an der Wurzel auf.

Die tiefgreifenden Erwartungen des Menschen

Analysiert man die Erwartungen des heutigen Menschen gegenüber dem Priester, so wird man sehen, daß es bei ihm im Grunde nur eine einzige, große Erwartung gibt: *er dürstet nach Christus*. Um das Übrige – was auf wirtschaftlichem, sozialem, politischem Gebiet dienlich ist – kann er viele andere bitten. Den Priester bittet er um Christus! Und er hat vom Priester das Recht, Christus vor allem durch die Verkündigung des Wortes zu erwarten. Die Priester – so lehrt das Konzil – „schulden also allen, Anteil zu geben an der Wahrheit des Evangeliums" (*Presbyterorum Ordinis*, 4). Aber die Verkündigung zielt auf die Begegnung des Menschen mit Jesus, besonders im Geheimnis der Eucharistie, Herzensmitte der Kirche und des priesterlichen Lebens. Es ist eine geheimnisvolle, erstaunliche Macht, die der

Priester angesichts des eucharistischen Leibes Christi besitzt. Aufgrund dieser Macht wird er zum Verwalter des größten Gutes der Erlösung, denn er schenkt den Menschen den Erlöser in Person. Die Feier der Eucharistie ist die erhabenste und heiligste Funktion jedes Priesters. Und für mich ist die Feier der Eucharistie seit den ersten Jahren meines Priestertums nicht nur heiligste Pflicht, sondern vor allem tiefstes Bedürfnis der Seele gewesen.

DIENER DER BARMHERZIGKEIT

Als Verwalter des *Sakramentes der Versöhnung* erfüllt der Priester den Auftrag, den Christus nach seiner Auferstehung den Aposteln erteilt hatte: „Empfangt den Heiligen Geist! Wem ihr die Sünden vergebt, dem sind sie vergeben; wem ihr die Vergebung verweigert, dem ist sie verweigert" (Joh 20,22–23). Der Priester ist Zeuge und Werkzeug der göttlichen Barmherzigkeit! Wie wichtig ist der Beichtdienst in seinem Leben! Gerade im Beichtstuhl verwirklicht sich wahrlich *seine geistliche Vaterschaft* am vollkommensten. Gerade im Beichtstuhl wird jeder Priester zum Zeugen der großartigen Wunder, welche die göttliche Barmherzigkeit in der Seele wirkt, die die Gnade der Umkehr annimmt. Aber es ist notwendig, daß für den Dienst an den Brüdern und Schwestern im Beichtstuhl jeder Priester durch eigenes regelmäßiges Beichten und unter geistlicher Führung an sich selber die Erfahrung dieser Barmherzigkeit Gottes macht.

Als Verwalter von göttlichen Geheimnissen ist der Priester ein besonderer *Zeuge des Unsichtbaren* in der

Welt. Er ist in der Tat Verwalter unsichtbarer und unermeßlicher Güter, die in den Bereich des Geistlichen und Übernatürlichen gehören.

EIN MENSCH, DER MIT GOTT IN VERBINDUNG STEHT

Als Verwalter dieser Güter steht der Priester in ständiger, besonderer *Verbindung zu der Heiligkeit Gottes.* „Heilig, heilig, heilig Gott, Herr aller Mächte und Gewalten! Erfüllt sind Himmel und Erde von deiner Herrlichkeit." Gottes Majestät ist die Majestät der Heiligkeit. Im Priestertum wird der Mensch gleichsam emporgehoben in die Sphäre dieser Heiligkeit, er erreicht gleichsam die Höhen, in die einst der Prophet Jesaja eingeweiht worden war. Und genau jene prophetische Vision findet Widerhall im eucharistischen Hochgebet: *Sanctus, Sanctus, Sanctus, Dominus Deus Sabaoth. Pleni sunt caeli et terra gloria tua. Hosanna in excelsis.*

Gleichzeitig lebt der Priester jeden Tag fortwährend die Herabkunft dieser Heiligkeit Gottes auf den Menschen: *„Benedictus qui venit in nomine Domini."* Mit diesen Worten grüßte die Menge Christus, als er in die Stadt Jerusalem einzog, um das Opfer für die Erlösung der Welt zu vollenden. Die transzendente, gleichsam „außerweltliche" Heiligkeit wird in Christus zur „innerweltlichen" Heiligkeit. Sie wird zur Heiligkeit des Ostergeheimnisses.

Krakau, Kathedrale auf dem Wawel.

Da er in ständiger Verbindung zu der Heiligkeit Gottes steht, muß der Priester selbst heilig werden. Sein Amt verpflichtet ihn zu einer von der Radikalität des Evangeliums inspirierten Lebensform. Dies erklärt die besondere Notwendigkeit, daß er vom Geist der evangelischen Räte Keuschheit, Armut und Gehorsam erfüllt sein muß. In diesem Blickfeld versteht man auch die besondere Angemessenheit des Zölibates. Daher ergibt sich das besondere Bedürfnis nach dem Gebet in seinem Leben: Das Gebet entspringt der Heiligkeit Gottes und ist gleichzeitig die Antwort auf diese Heiligkeit. Ich habe einmal geschrieben: „Das Gebet bringt den Priester hervor, und der Priester entsteht durch das Gebet." Ja, der Priester muß vor allem ein *Mann des Gebetes* sein, überzeugt davon, daß die Zeit, die er der vertraulichen Begegnung mit Gott widmet, am besten verwendet ist, weil sie nicht nur ihm, sondern auch seiner apostolischen Arbeit nützt.

Wenn das II. Vatikanische Konzil von der *allgemeinen* Berufung zur Heiligkeit spricht, so muß man beim Priester von einer *besonderen* Berufung zur Heiligkeit sprechen. *Christus braucht heiligmäßige Priester!* Die heutige Welt verlangt heiligmäßige Priester! Nur ein heiligmäßiger Priester kann in einer immer stärker säkularisierten Welt ein transparenter Zeuge Christi und seines Evangeliums sein. Nur so kann der Priester für die Menschen zum geistlichen Führer und Lehrer von Heiligkeit werden. Die Menschen, vor allem die jungen, erwarten eine solche Führung. Der Priester kann in dem Maße Führer und Lehrer sein, in dem er ein authentischer Zeuge wird!

In meiner nunmehr langen Erfahrung in so vielen verschiedenen Situationen wurde ich immer mehr in meiner Überzeugung bestärkt, daß *nur aus dem Boden der priesterlichen Heiligkeit eine wirksame Pastoral, eine echte cura animarum wachsen kann.* Das eigentliche Geheimnis glaubwürdiger pastoraler Erfolge liegt nicht in den materiellen Mitteln und noch weniger in den „reichen Geldmitteln". Die bleibenden Früchte der pastoralen Anstrengungen entstehen aus der Heiligkeit des Priesters. Das ist das Fundament! Natürlich sind dafür unerläßlich: die Ausbildung, das Studium, die Fortbildung; eine angemessene Vorbereitung, die befähigt, die Dringlichkeiten wahrzunehmen und *pastorale Prioritäten* festzulegen. Man könnte jedoch behaupten, daß die Prioritäten auch von den Umständen abhängen, und jeder Priester ist angehalten, sie im Einvernehmen mit seinem Bischof und im Einklang mit den Richtlinien der Gesamtkirche genau zu bestimmen und danach zu leben. In meinem Leben habe ich diese Prioritäten im Laienapostolat, insbesondere in der Familienpastoral – einem Bereich, in dem mir die Laien selbst viel geholfen haben –, in der Jugendseelsorge und im intensiven Dialog mit der Welt der Wissenschaft und Kultur erkannt. Das alles spiegelte sich in meiner wissenschaftlichen und literarischen Tätigkeit wider. Auf diese Weise sind die Studie „*Liebe und Verantwortung*" und, unter anderem, ein literarisches Werk „*Der Laden des Goldschmieds*" mit dem Untertitel „*Betrachtungen über das Sakrament der Ehe*" entstanden.

Eine unausweichliche Priorität stellt heute die bevorzugte Aufmerksamkeit für die Armen, Ausgegrenzten und Einwanderer dar. Für diese Gruppen muß der

Priester wirklich ein „Vater" sein. Unerläßlich sind sicher auch materielle Mittel, wie die moderne Technologie sie uns anbietet. Das Geheimnis bleibt jedoch immer die Heiligkeit des priesterlichen Lebens, die im Gebet und in der Betrachtung, im Opfergeist und im missionarischen Eifer ihren Ausdruck findet. Wenn ich in Gedanken die Jahre meines pastoralen Dienstes als Priester und als Bischof durchlaufe, bin ich immer mehr davon überzeugt, wie wahr und grundlegend dies ist.

MANN DES WORTES

Ich habe bereits darauf hingewiesen: Um ein glaubwürdiger Leiter der Gemeinde, ein wahrer Verwalter der Geheimnisse Gottes zu sein, muß der Priester auch ein *Mann des Wortes Gottes,* ein hochherziger und unermüdlicher Verkünder des Evangeliums sein. Heute sieht man angesichts der ungeheuren Aufgaben der „Neuevangelisierung" ihre Dringlichkeit noch deutlicher.

Nach so vielen Jahren des Dienstes am Wort, die mich insbesondere als Papst zum Pilger in alle Teile der Welt werden ließen, kann ich nicht umhin, noch einige Gedanken über diese Dimension des priesterlichen Lebens hinzuzufügen. Es ist ein anspruchsvoller Gesichtspunkt, da die Menschen von heute vom Priester eher das „gelebte" Wort als das „verkündigte" Wort erwarten. Der Priester muß „vom Wort leben". Gleichzeitig wird er sich jedoch um eine *intellektuelle Vorbereitung* bemühen müssen, um das Wort gründlich kennenzulernen und wirksam zu verkünden. In unserer Zeit, die sich durch hochgradige Spezialisierung in fast allen Lebensbereichen auszeichnet, ist die intellektuelle Bildung wichtiger denn je. Sie ermöglicht es, einen intensiven und kreativen Dialog mit dem zeitgenössischen Denken aufzunehmen. Die humanistischen und philosophischen Studien und die Kenntnis der Theologie sind der Weg zu dieser Bildung, die dann das ganze Leben lang weiter vertieft werden muß. Um wirklich formend zu sein, muß das Studium ständig vom Gebet, von der Meditation, von der Bitte um die Gaben des Heiligen Geistes – Weisheit, Einsicht, Rat, Stärke, Erkenntnis, Frömmigkeit und Gottesfurcht – begleitet sein. Der hl. Thomas von Aquin erklärt, wie mit den Gaben des Heiligen Geistes der ganze geistliche Organismus des Menschen für das Licht Gottes, für das Licht der Erkenntnis und auch für die Inspiration der Liebe empfänglich gemacht wird. Das Gebet um die Gaben des Heiligen Geistes hat mich von Jugend an begleitet, und ich bleibe ihm bis heute treu.

WISSENSCHAFTLICHE VERTIEFUNG

Aber natürlich entbindet – wie ebenfalls der hl. Thomas lehrt – die „eingegebene Erkenntnis", die Frucht des besonderen Zutuns des Heiligen Geistes ist, nicht von der Pflicht, sich um die „erworbene Erkenntnis" zu kümmern.

Was mich betrifft, so wurde ich, wie schon gesagt, gleich nach der Priesterweihe zur Vervollkommnung der Studien nach Rom geschickt. Später mußte ich mich auf Wunsch meines Bischofs als Ethikprofessor an der Theologischen Fakultät von Krakau und an der Katholischen Universität von Lublin mit der Wissenschaft beschäftigen. Frucht dieser Studien war die Doktorarbeit über den hl. Johannes vom Kreuz und dann die Habilitationsschrift über Max Scheler: speziell über den Beitrag, den sein phänomenologisch geprägtes ethisches System zum Aufbau der Moraltheologie leisten kann. Dieser Forschungsarbeit habe ich wirklich viel zu verdanken. In meine vorausgegangene aristotelisch-thomistische Ausbildung fügte sich so die phänomenologische Methode ein, was mir ermöglichte, zahlreiche schöpferische Untersuchungen auf diesem Gebiet vorzunehmen. Ich denke vor allem an das Buch „*Person und Akt*". Auf diese Weise reihte ich mich in die moderne Denkströmung des philosophischen Personalismus ein, eine Forschung, die nicht ohne pastorale Früchte blieb. Ich stelle häufig fest, daß viele der in diesen Studien gereiften Überlegungen für mich hilfreich sind bei den Begegnungen mit einzelnen Personen und auch bei den Begegnungen mit den vielen Menschen anläßlich meiner apostolischen Reisen. Diese Bildung vor dem kulturellen Horizont des Personalismus hat mir eine tiefere Erkenntnis darüber vermittelt, daß jede Person einmalig und unwiederholbar ist, und diese Erkenntnis halte ich für jeden Priester für sehr wichtig.

DER DIALOG MIT DEM DENKEN
UNSERER ZEIT

Durch Begegnungen und Diskussionen mit Naturforschern, Physikern, Biologen und auch Historikern habe ich die Bedeutung der anderen, die wissenschaftlichen Disziplinen betreffenden Wissenszweige schätzen gelernt, die auch in der Lage sind, unter verschiedenem Blickwinkel zur Wahrheit zu gelangen. Notwendig ist also, daß der Glanz der Wahrheit – *Veritatis splendor* – sie ständig begleitet und den Menschen gestattet, einander zu begegnen, Überlegungen auszutauschen und sich gegenseitig zu bereichern. Von Krakau habe ich nach Rom die Tradition periodischer interdisziplinärer Treffen mitgebracht, die regelmäßig in der Sommerzeit in Castel Gandolfo stattfinden. Ich versuche, dieser guten Gewohnheit treu zu bleiben.

„Labia sacerdotum scientiam custodiant ... – „Die Lippen des Priesters bewahren die Erkenntnis ..." (vgl. Mal 2,7). Ich beziehe mich gerne auf diese Worte des Propheten Maleachi, die in die *Litanei zu Christus, dem Priester und Opfer* aufgenommen worden sind, weil sie eine Art programmatischen Wert für den haben, der berufen ist, Diener des Wortes zu sein. In der Tat muß er ein *Mann der Wissenschaft* im tiefsten und religiösen Sinn des Wortes sein. Er muß jene „Wissenschaft Gottes" besitzen und weitergeben, die nicht nur eine Summe von Lehrwahrheiten ist, sondern eine persönliche und lebendige Erfahrung des Geheimnisses, wie sie das Johannesevangelium im großen Hohepriesterlichen Gebet beschreibt: „Das ist das ewige Leben: dich, den einzigen wahren Gott, zu erkennen und Jesus Christus, den du gesandt hast" (17,3).

X

An die Brüder im Priesteramt

Zum Abschluß dieses Zeugnisses über meine priesterliche Berufung *möchte ich mich an alle Brüder im Priesteramt wenden:* an alle ohne Ausnahme! Ich tue es mit
den Worten des hl. Petrus: „Deshalb, meine Brüder, be-
müht euch noch mehr darum, daß eure Berufung und
Erwählung Bestand hat. Wenn ihr das tut, werdet ihr
niemals scheitern" (2 Petr 1,10). Liebt euren Priesterberuf! Seid treu bis zum Ende! Ihr sollt in ihm jenen
Schatz des Evangeliums sehen, für den es sich lohnt,
alles hinzugeben (vgl. Mt 13,44).

In besonderer Weise wende ich mich an jene unter
euch, die eine schwierige Zeit oder gar eine Krise ihrer
Berufung durchmachen. Ich möchte, daß dieses mein
persönliches Zeugnis – das Zeugnis als Priester und
Bischof von Rom, der das Goldene Priesterjubiläum
feiert – für euch eine Hilfe und Einladung zur Treue sei.
Ich habe diese Worte geschrieben, indem ich an jeden
von euch dachte und jeden von euch in mein Gebet
hineinnahm.

Ich habe auch an die vielen jungen Seminaristen ge-
dacht, die sich auf das Priestertum vorbereiten. Wie oft
kehrt ein Bischof in Gedanken und mit dem Herzen in
das Seminar zurück! Es ist der erste Gegenstand seiner
Sorge. Man pflegt zu sagen, *das Priesterseminar sei für
einen Bischof sein „Augapfel"*. Der Mensch verteidigt
seinen Augapfel, weil er ihm das Sehen ermöglicht. So
sieht der Bischof seine Kirche gleichsam durch das
Seminar, da von den Priesterberufen großteils das kirch-
liche Leben abhängt. Die Gnade zahlreicher und heiligmäßiger Priesterberufe läßt ihn voll Zuversicht in die
Zukunft seiner Sendung blicken.

Das sage ich aufgrund meiner langjährigen Erfahrung als Bischof. Zwölf Jahre nach meiner Priesterweihe bin ich Bischof geworden: ein guter Teil dieser
fünfzig Jahre war also von der Sorge um Berufungen
gekennzeichnet. Groß ist die Freude des Bischofs, wenn
der Herr seiner Kirche Berufe schenkt; ihr Mangel hin-
gegen löst Besorgnis und Beunruhigung aus. Der Herr
hat diese Sorge mit der Sorge dessen verglichen, der die
Ernte einbringen soll: „Die Ernte ist groß, aber es gibt
nur wenige Arbeiter. Bittet also den Herrn der Ernte,
Arbeiter für seine Ernte auszusenden!" (Mt 9,37)

*Rom, Kolonnaden des Bernini und die
Kuppel von Sankt Peter.*

DEO GRATIAS!

Ich kann diese Betrachtungen im Jahr meines Goldenen Priesterjubiläums nicht abschließen, ohne dem Herrn der Ernte tiefste *Dankbarkeit für das Geschenk der Berufung,* für die Gnade des Priestertums und für die Priesterberufe in der ganzen Welt auszudrücken. Ich tue es in Verbundenheit mit allen Bischöfen, die dieselbe Sorge um die Berufungen teilen und dieselbe Freude erleben, wenn deren Zahl zunimmt. Gott sei Dank scheint eine gewisse Krise der Berufungen zum Priestertum in der Kirche überwunden zu sein. Jeder Neupriester bringt einen besonderen Segen: „Gesegnet sei, der da kommt im Namen des Herrn." In jedem Priester kommt in der Tat Christus selbst. Wenn der hl. Cyprian gesagt hat, der Christ sei ein „anderer Christus" – *Christianus alter Christus* –, so kann man mit um so größerer Berechtigung sagen: *Sacerdos alter Christus,* der Priester ist ein anderer Christus.

Möge Gott in den Priestern das dankbare und wirksame Bewußtsein des empfangenen Geschenks wachhalten und in vielen jungen Menschen eine bereite und hochherzige Antwort auf seinen Ruf wecken, damit sie sich ohne Vorbehalte der Sache des Evangeliums widmen. Daraus werden die so sehr nach Sinn und Hoffnung suchenden Männer und Frauen unserer Zeit großen Nutzen ziehen. Darüber wird sich die christliche Gemeinschaft freuen, die voll Vertrauen dem Ungewissen und den Herausforderungen des unmittelbar bevorstehenden dritten Jahrtausends begegnen kann.

Die Jungfrau Maria nehme dieses mein Zeugnis als kindliche Huldigung von mir an zur Ehre der Heiligen Dreifaltigkeit. Sie lasse es fruchtbar werden in den Herzen der Mitbrüder im Priesteramt und so vieler Söhne und Töchter der Kirche. Sie lasse dies auch zum Samenkorn werden für alle, die zwar nicht demselben Glauben angehören, aber mir oft Gehör und ihren ehrlichen Dialog schenken.

ANHANG

Litanei zu unserem Herrn Jesus Christus, Priester und Opfer

Kyrie, eleison   *Kyrie, eleison*
Christe, eleison   *Christe, eleison*
Kyrie, eleison   *Kyrie, eleison*
Christe, audi nos   *Christe, audi nos*
Christe, exaudi nos   *Christe, exaudi nos*

Pater de caelis, Deus,   *miserere nobis*
Fili, Redemptor mundi, Deus,   *miserere nobis*
Spiritus Sancte, Deus,   *miserere nobis*
Sancta Trinitas, unus Deus,   *miserere nobis*
Iesu, Sacerdos et Victima,   *miserere nobis*
Iesu, Sacerdos in aeternum
   secundum ordinem Melchisedech, *miserere nobis*
Iesu, Sacerdos quem misit Deus
   evangelizare pauperibus,   *miserere nobis*
Iesu, Sacerdos qui in novissima
   cena formam sacrificii
   perennis instituisti,   *miserere nobis*
Iesu, Sacerdos semper vivens
   ad interpellandum pro nobis,   *miserere nobis*
Iesu, Pontifex quem Pater
   unxit Spiritu Sancto et virtute,   *miserere nobis*
Iesu, Pontifex ex hominibus
   assumpte,   *miserere nobis*
Iesu, Pontifex pro hominibus
   constitute,   *miserere nobis*
Iesu, Pontifex confessionis nostrae,   *miserere nobis*
Iesu, Pontifex amplioris prae
   Moysi gloriae,   *miserere nobis*
Iesu, Pontifex tabernaculi veri,   *miserere nobis*

Herr, erbarme Dich unser
Christus, erbarme Dich unser
Herr, erbarme Dich unser
Christus, höre uns
Christus, erhöre uns

Gott Vater, vom Himmel   *Erbarme Dich unser*
Gott Sohn, Erlöser der Welt
Gott Heiliger Geist
Heilige Dreifaltigkeit, ein einiger Gott
Jesus, Priester und Opfer
Jesus, Priester auf ewig nach der Ordnung
   des Melchisedech
Jesus, Priester, den Gott gesandt hat,
   den Armen die Frohe Botschaft zu verkünden
Jesus, Priester, der beim Letzten Abendmahl
   das Urbild des ewigen Opfermahls
   eingesetzt hat
Jesus, Priester stets da,
   um für uns einzutreten
Jesus, Hoherpriester, den der Vater mit dem
   Heiligen Geist und mit Kraft gesalbt hat
Jesus, Hoherpriester aus den Menschen
   genommen
Jesus, Hoherpriester für die Menschen
   bestellt
Jesus, Hoherpriester unseres Bekenntnisses
Jesus, Hoherpriester von größerer Herrlichkeit
   als Mose
Jesus, Hoherpriester des wahren Zeltes

Iesu, Pontifex futurorum bonorum,	*miserere nobis*
Iesu, Pontifex sancte,	
innocens et impollute,	*miserere nobis*
Iesu, Pontifex fidelis et misericors,	*miserere nobis*
Iesu, Pontifex Dei et animarum	
zelo succense,	*miserere nobis*
Iesu, Pontifex in aeternum perfecte,	*miserere nobis*
Iesu, Pontifex qui per proprium	
sanguinem caelos penetrasti,	*miserere nobis*
Iesu, Pontifex qui nobis viam	
novam initiasti,	*miserere nobis*
Iesu, Pontifex qui dilexisti nos	
et lavasti nos a peccatis in	
sanguine tuo,	*miserere nobis*
Iesu, Pontifex qui tradidisti	
temetipsum Deo oblationem	
et hostiam,	*miserere nobis*
Iesu, Hostia Dei et hominum,	*miserere nobis*
Iesu, Hostia sancta et immaculata,	*miserere nobis*
Iesu, Hostia placabilis,	*miserere nobis*
Iesu, Hostia pacifica,	*miserere nobis*
Iesu, Hostia propitiationis et laudis,	*miserere nobis*
Iesu, Hostia reconciliationis	
et pacis,	*miserere nobis*
Iesu, Hostia in qua habemus	
fiduciam et accessum ad Deum,	*miserere nobis*
Iesu, Hostia vivens in saecula	
saeculorum,	*miserere nobis*

| Propitius esto! | *parce nobis, Iesu* |
| Propitius esto! | *exaudi nos, Iesu* |

| A temerario in clerum ingressu, | *libera nos, Iesu* |
| A peccato sacrilegii, | *libera nos, Iesu* |

Jesus, Hoherpriester der zukünftigen Güter
Jesus, heiliger, unschuldiger,
   unbefleckter Hoherpriester
Jesus, treuer und barmherziger Hoherpriester
Jesus, Hoherpriester von glühendem
   Eifer für Gott und die Seelen
Jesus, Hoherpriester vollkommen in Ewigkeit
Jesus, Hoherpriester, der Du durch Dein eigenes
   Blut die Himmel durchschritten hast
Jesus, Hoherpriester, der Du uns den neuen
   Weg erschlossen hast
Jesus, Hoherpriester, der uns geliebt und
   uns in seinem Blut von unseren Sünden
   reingewaschen hat
Jesus, Hoherpriester, der Du Dich
   selbst Gott als Gabe und Opfer
   dargebracht hast
Jesus, Du Opfer Gottes und der Menschen
Jesus, Du heiliges und unbeflecktes Opfer
Jesus, Du angenehmes Opfer
Jesus, Du Friedensopfer
Jesus, Du Opfer des Erbarmens und des Lobes
Jesus, Du Opfer der Versöhnung
   und des Friedens
Jesus, in dem wir Vertrauen und Zugang
   zu Gott haben
Jesus, Du Opfer, lebendig in alle Ewigkeit

Sei uns gnädig!   *Verschone uns, o Jesus!*
Sei uns gnädig!   *Erhöre uns, o Jesus!*

Von einem unüberlegten
   Eintritt in den Klerus   *Erlöse uns, o Jesus!*
Von der Sünde des Sakrilegs

A spiritu incontinentiae, *libera nos, Iesu*
A turpi quaestu, *libera nos, Iesu*
Ab omni simoniae labe, *libera nos, Iesu*
Ab indigna opum ecclesiasticarum
    dispensatione, *libera nos, Iesu*
Ab amore mundi eiusque
    vanitatum, *libera nos, Iesu*
Ab indigna Mysteriorum tuorum
    celebratione, *libera nos, Iesu*
Per aeternum sacerdotium tuum, *libera nos, Iesu*
Per sanctam unctionem,
    qua a Deo Patre in sacerdotem
    constitutus es, *libera nos, Iesu*
Per sacerdotalem spiritum tuum, *libera nos, Iesu*
Per ministerium illud,
    quo Patrem tuum super terram
    clarificasti, *libera nos, Iesu*
Per cruentam tui ipsius immolationem
    semel in cruce factam, *libera nos, Iesu*
Per illud idem sacrificium in altari
    quotidie renovatum, *libera nos, Iesu*
Per divinam illam potestatem,
    quam in sacerdotibus tuis
    invisibiliter exerces, *libera nos, Iesu*

Ut universum ordinem
    sacerdotalem in sancta
    religione conservare digneris, *Te rogamus, audi nos*
Ut pastores secundum cor tuum
    populo tuo providere digneris, *Te rogamus, audi nos*
Ut illos spiritus sacerdotii tui
    implere digneris, *Te rogamus, audi nos*
Ut labia sacerdotum scientiam
    custodiant, *Te rogamus, audi nos*

Von dem Geist der Unenthaltsamkeit
Von schnödem Gewinnstreben
Von jedem Makel der Simonie
Von dem unstatthaften Ausgeben
    des Kirchenvermögens
Von der Liebe zur Welt und ihren
    Nichtigkeiten
Von der unwürdigen Feier Deiner
    Sakramente
Durch Dein ewiges Priestertum
Durch die heilige Salbung,
    durch die Du von Gott Vater zum
    Priester eingesetzt worden bist
Durch Deinen priesterlichen Geist
Durch Deinen Dienst,
    mit dem Du Deinen Vater auf Erden
    verherrlicht hast
Durch Deine blutige Opferung,
    ein für allemal am Kreuz geschehen
Durch ebendieses Opfer,
    das täglich am Altar erneuert wird
Durch Deine göttliche Macht,
    die Du in Deinen Priestern unsichtbar
    ausübst

Daß Du den ganzen Priesterstand
    in der heiligen Religion
    bewahren wollest   *Wir bitten Dich, erhöre uns!*
Daß Du für Dein Volk Hirten
    nach Deinem Herzen vorsehen wollest
Daß Du sie mit dem Geist Deines
    Priestertums erfüllen wollest
Daß die Lippen der Priester die Weisheit
    bewahren mögen

Ut in messem tuam operarios
fideles mittere digneris,   *Te rogamus, audi nos*
Ut fideles mysteriorum tuorum
dispensatores multiplicare
digneris,   *Te rogamus, audi nos*
Ut eis perseverantem in tua
voluntate famulatum
tribuere digneris,   *Te rogamus, audi nos*
Ut eis in ministerio
mansuetudinem, in actione
sollertiam et in oratione
constantiam concedere
digneris,   *Te rogamus, audi nos*
Ut per eos sanctissimi
Sacramenti cultum
ubique promovere digneris,   *Te rogamus, audi nos*
Ut qui tibi bene ministraverunt,
in gaudium tuum suscipere
digneris,   *Te rogamus, audi nos*

Agnus Dei, qui tollis peccata
mundi,   *parce nobis, Domine*
Agnus Dei, qui tollis peccata
mundi,   *exaudi nos, Domine*
Agnus Dei, qui tollis peccata
mundi,   *miserere nobis, Domine*

Iesu, Sacerdos,   *audi nos*
Iesu, Sacerdos,   *exaudi nos*

Daß Du treue Arbeiter in Deinen
   Weinberg schicken wollest
Daß Du treue Spender
   Deiner Sakramente
   vermehren wollest
Daß Du ihnen stete Dienstbarkeit
   in Deinem Willen gewähren
   wollest
Daß Du ihnen Milde
   im Dienstamt,
   Fleiß im Handeln,
   Beständigkeit im Gebet
   verleihen wollest
Daß Du durch sie die Verehrung
   des Heiligsten Sakramentes
   überall fördern wollest
Daß Du alle, die Dir gut gedient haben,
   in Deine Freude aufnehmen
   wollest

Lamm Gottes, Du nimmst hinweg
   die Sünden der Welt   *Verschone uns, o Herr!*
Lamm Gottes, Du nimmst hinweg
   die Sünden der Welt   *Erhöre uns, o Herr!*
Lamm Gottes, Du nimmst hinweg
   die Sünden der Welt   *Erbarme Dich unser, o Herr!*

Jesus, Du Priester   *Höre uns!*
Jesus, Du Priester   *Erhöre uns!*

Oremus

Ecclesiae tuae, Deus, sanctificator et custos, suscita in ea per Spiritum tuum idoneos et fideles sanctorum mysteriorum dispensatores, ut eorum ministerio et exemplo christiana plebs in viam salutis te protegente dirigatur. Per Christum Dominum nostrum. Amen.

Deus, qui ministrantibus et ieiunantibus discipulis segregari iussisti Saulum et Barnabam in opus ad quod assumpseras eos, adesto nunc Ecclesiae tuae oranti, et tu, qui omnium corda nosti, ostende quos elegeris in ministerium. Per Christum Dominum nostrum.

Amen.

LASSET UNS BETEN!

Gott, Heiligmacher und Hüter Deiner Kirche, erwecke in ihr durch Deinen Geist geeignete und treue Spender Deiner heiligen Sakramente, daß durch ihren Dienst und ihr Beispiel das christliche Volk unter Deinem Schutz auf den Weg des Heils geleitet werde. Durch Christus, unsern Herrn. Amen.

Gott, der Du, während Deine Jünger dienten und fasteten, Saulus und Barnabas zu dem Werk, zu dem Du sie aufgenommen hattest, auszusondern befohlen hast, stehe auch jetzt Deiner betenden Kirche bei und zeige Du, der Du die Herzen aller kennst, diejenigen, die Du zum Dienstamt erwählt hast. Durch Christus, unsern Herrn.

Amen.

Aus dem Italienischen übersetzt von Sigrid Spath.
Die Illustrationen stammen von Stanislaw Sobolewsky.

Der Titel der italienischen Originalausgabe lautet
„Dono e Mistero" und erschien unter
© Copyright 1996 bei Libreria Editrice Vaticana.

Die Deutsche Bibliothek – CIP-Einheitsaufnahme

Johannes Paulus <Papa, II.>:
Geschenk und Geheimnis : zum 50. Jahr meiner Priesterweihe /
Johannes Paul II. – Graz ; Wien ; Köln : Verl. Styria, 1997
ISBN 3-222-12501-5

© 1997 Verlag Styria Graz Wien Köln
Alle Rechte der deutschen Ausgabe vorbehalten
Kein Teil des Werkes darf in irgendeiner Form
(durch Fotografie, Mikrofilm oder ein anderes Verfahren)
ohne schriftliche Genehmigung des Verlages
reproduziert oder unter Verwendung elektronischer Systeme
verarbeitet, vervielfältigt oder verbreitet werden.
Printed in Austria
Satz: Medienhaus Styria, Graz
Druck und Bindung: Wiener Verlag, Himberg
ISBN 3-222-12501-5